BOB DYDD
BENDITHIAF DI

CYFRES O
ASTUDIAETHAU BEIBLAIDD
YN CANOLBWYNTIO AR
Y FLWYDDYN A'I THYMHORAU

GAN
IEUAN ELFRYN JONES

CYHOEDDIADAU'R
GAIR

CW01638759

Cyflwynaf y gyfrol hon gyda mawr ddiolch i'm cyd-weithwyr yn y Coleg Gwyn, sef Rhian, Densil, Elwyn ac Euros.

"...Mi a'ch gelwais chwi yn gyfeillion...".
(Ioan 15:15 Y Beibl Cysegr-Lân)

Ⓗ Cyhoeddiadau'r Gair 2008

Testun gwreiddiol: Ieuan Elfryn Jones

Golygydd Cyffredinol: Aled Davies

ISBN 1 85994 621 6
Argraffwyd ym Mhrydain.

Cedwir pob hawl.
Ni chaniateir copïo unrhyw ran o'r deunydd hwn mewn unrhyw ffordd oni cheir caniatâd y cyhoeddwyr.

Cyhoeddwyd gan
Cyhoeddiadau'r Gair, Cyngor Ysgolion Sul Cymru,
Ael y Bryn, Chwilog, Pwllheli, Gwynedd LL53 6SH.

CYNNWYS

Tymor yr Hydref

CYNNWYS

Tymor y Gaeaf

Tymor y Gwanwyn

Tymor yr Haf

Rhagymadrodd

Braint yw cael gwahoddiad i baratoi'r gwerslyfr hwn, a diolchaf yn fawr iawn i Aled Davies a Chyhoeddiadau'r Gair am ymddiried i mi'r dasg o'i gyflwyno. Ynddo, edrychwn ar lawer agwedd o fyd y Cristion, gan gynnwys hanes, traddodiadau, dod i ffydd a chadarnhau ein perthynas â Christ ei hun. Gobeithiaf y bydd y myfyrdodau yn cynorthwyo unigolion ac eglwysi wrth iddynt ymdrechu i ddatblygu eu gwybodaeth am ein ffydd, a'r ffordd i gyrraedd teyrnas Dduw.

Daw teitl y gwerslyfr, '*Bob dydd bendithiaf di*' o Salm 145:2, a chredaf ei fod yn adlewyrchu ein perthynas â Duw: Y Tad, Y Mab a'r Ysbryd Glân. Mae'r awdur yn mynd ymlaen i gyhoeddi yn yr adnod hon ac yn yr un ganlynol, "*a moliannu dy enw byth bythoedd. Mawr yw'r Arglwydd, a theilwng iawn o fawl, ac y mae ei fawredd yn anchwiliadwy.*"

Fel is-deitl, credaf fod '*y flwyddyn a'i thymhorau*' yn addas. Wrth greu strwythur i'r gwerslyfr, rydw i wedi ei rannu i bedwar tymor y flwyddyn. Dechreuwn gyda'r Hydref, ac wedyn awn ymlaen drwy'r Gaeaf, y Gwanwyn ac yna yr Haf. Mae pob 'tymor' yn cynnwys 11 gwers, ac felly, gallwn ei ddefnyddio mewn dosbarthiadau i oedolion a phlant yn yr Ysgolion Sul, neu fel myfyrdodau i unigolion. Os ydw i wedi cyfri'r dyddiadau'n gywir, dylai'r gwersi fod yn rhedeg o'r cyntaf o fis Medi, ac yn cychwyn gyda chyfnod ail ddechrau yr ysgolion a'r ysgolion Sul wedi gwyliau'r haf.

Edrychwn yn fras ar adegau o'r flwyddyn sy'n canolbwyntio ar ŵyliau traddodiadol yr eglwysi; a hefyd un neu ddau o ddyddiau seciwlar sy'n cofnodi digwyddiadau nodedig neu yn cysylltu â hanes cyfnod y *Seintiau Celtaidd.*

Mae'r gwersi yn dechrau gydag un neu ddau darlleniad, a byddant yn cyfeirio at rywbeth a gaiff ei gyflwyno yn y wers; yn y gobaith y bydd yn ein ysgogi i ddarllen ymhellach rhyw dro arall. Mae'r myfyrdodau'n amrywio yn eu cyflwyniad, mae rhai'n hanesyddol, rhai'n gyffredinol ac eraill yn ddiwinyddol eu ffurf. Gobeithir eu bod yn gymharol hawdd i'w dilyn.

Defnyddir y Beibl Cymraeg Newydd: Argraffiad Diwygiedig (2004) drwy'r gwerslyfr, ond mae croeso i chi newid i ddefnyddio cyfieithiadau eraill os ydych yn dymuno gwneud hynny. Gwelwch fy mod wedi dewis llawer o benillion o emynau i ategu cynnwys rhai o'r gwersi; a gobeithiaf eich bod yn cytuno â'u perthnasedd i'r gwersi. Defnyddir *Caneuon Ffydd* (CFf 2001), yr emyn lyfr cyd-enwadol yn helaeth, ond am un eithriad sydd wedi ei nodi.

Cyflwynir y gwersi â theimlad o frawdgarwch Cristnogol gan synhwyro nad yw pawb yn dilyn yr un traddodiad, na'r un math o batrwm addoliad. Mae'r gwerslyfr wedi ei baratoi at bwrpas cyd-enwadol. Os nad ydych yn cytuno â'm syniadau, hyderaf y bydd y gwersi yn cynnig cyfle i chi drafod agweddau gwahanol o'r pynciau a gyflwynir.

Ar ddiwedd pob gwers, gwelwch fod yna bedwar mater i chi eu hystyried. Maent wedi eu trefnu mewn modd fel y gallwch ymchwilio a thrafod ymhellach i'r hyn a gyflwynwyd yn y darlleniad a'r myfyrdod. Os nad ydych am eu defnyddio gallwch feddwl am drafodaeth sydd o bosibl yn fwy addas i'ch sefyllfa chi yn lleol.

Wrth edrych ar y gwersi a gyflwynir, gwelir bod posib defnyddio rhai o'r myfyrdodau unrhyw adeg o'r flwyddyn, ac felly nid oes angen cadw yn rhy ffurfiol at y patrwm. I eglwysi bychain heb weinidogaeth sefydlog neu leyg, gobeithir y bydd ein gwersi yn gallu eich cynorthwyo o bryd i'w gilydd fel rhan o'ch addoliad mewn oedfaon neu gyrddau gweddi.

Wrth greu'r gwerslyfr hwn, defnyddiwyd adnoddau, llyfrau, gwersi a nodiadau sy'n dyddio'n ôl dros gyfnod o tua tri deg o flynyddodd ac felly, mae'r mwyafrif o'r nodiadau'n rhai gwreiddiol. Dangosir isod ddetholiad o lyfryddiaeth a fu o gymorth wrth baratoi'r gwerslyfr. Mae'r rhai Cymraeg, diweddar ar gael o hyd, a theimlaf eu bod yn gymorth mawr i unrhyw un sydd am ehangu ei wybodaeth am destun penodol. Mae llyfrau'n gymorth mawr i ni gyd wrth i ni wneud gwaith ymchwil, ac rydw i wedi ymdrechu i gydnabod hynny lle bo'n addas. Os ydw i wedi defnyddio gwaith unrhyw awdur (neu ddarllenwr) heb ei gydnabod yn gywir, ymddiheuraf am hynny.

Diolchaf yn fawr i'r rhai sydd â'r gwaith o gywiro a pharatoi'r gwerslyfr i'r wasg, ac ymddiheuraf am unrhyw wallau gramadegol, neu gamddefnydd o'r Gymraeg. Er fy mod yn wreiddiol o ganolbarth Cymru ac wedi ymsefydlu yn Ynys Môn ers degawd bellach, fe'm addysgwyd yn gyfan gwbl trwy gyfrwng y Saesneg, ac rydw i wedi gweithio y rhan fwyaf o'm mywyd y tu allan i Gymru. Felly, gofynnaf yn garedig i chi fod yn oddefgar o fy ymdrech i gyflwyno fy llyfr cyntaf yn iaith y nefoedd.

Ieuan Elfryn Jones
Y Coleg Gwyn, Bangor, Haf 2008

Detholiad o lyfryddiaeth

David a Pat Alexander (gol.), *The Lion Handbook of the Bible*, (Lion Publishing, 1984).

Pat Alexander (gol.), *The Lion Encyclopedia of the Bible*, (Lion Publishing, 1978).

Bernhard W. Anderson, *The Living World of the Old Testament*, (Longman, 1975).

Peter Calvocoressi, *Who's Who in the Bible*, (Penguin Books, 1990).

D.P. Davies, *Efengyl Marc*, (Gwasg Pantycelyn, 2000).*

Eryl Wynn Davies, *Hosea a Micha*, (Gwasg Pantycelyn, 2000).*

Noel A. Davies, Detholion o Genesis, (Gwasg Pantycelyn, 2005).*

Charles Davis, *The Study of Theology*, (Sheed & Ward, 1967).

Edwin R. Freed, *The New Testament - a critical introduction*, (SCM Press, 1994).

Gwynn ap Gwilym, *Llyfr Deuteronomium*, (Gwasg Pantycelyn, 2002).*

Paul Heinisch, *Theology of the Old Testament*, (Liturgical Press, 1955).

Paul Heinisch, *Christ in Prophecy*, (Liturgical Press, 1956).

Simon Jenkins, *Maplyfr y Beibl*, (Gwasg Efengylaidd Cymru, 1987).

Gareth Lloyd Jones, *Detholion o Lyfr Jeremeia*, (Gwasg Pantycelyn, 2003).*

Gwilym H. Jones, *1 a 2 Samuel*, (Gwasg Pantycelyn, 2001).*

Werner Keller, *The Bible as History*, (Hodder & Stoughton, 1978).

Tony Lane, *The Lion Concise Book of Christian Thought*, (Lion Publishing, 1984).

Martin H. Manser, *The Lion Concise Book of Bible Quotations*, (Lion Publishing, 1982).

Samuel Sandmel, *A Jewish Understanding of the New Testament*, (U.P. Inc. NY, 1956).

Udo Schnelle, *The History and Theology of the New Testament Writings*, (SCM Press, 1998).

Francis Watson, *A Guide to the New Testament*, (B.T. Batsford Ltd, 1987).

Derek Williams (gol.), *New Concise Bible Dictionary*, (Inter-Varsity Press, 1989).

J. Tudno Williams, *Llythyrau at y Galatiaid a'r Philipiaid*, (Gwasg Pantycelyn, 2001).*

Tom R. Wright, *Actau'r Apostolion*, (Gwasg Pantycelyn, 2004).*

Nodyn: Lle gwelir * maent yn rhan o gyfres o esboniadau ar y Beibl Cymraeg Newydd.

Tymor yr Hydref

1. Yn ôl i'r ysgol

Glŷn wrth addysg, a hynny'n ddiollwng; dal d'afael ynddi, oherwydd hi yw dy fywyd. (Diarhebion 4:13)

Darlleniad: Llyfr y Diarhebion 4: 1-22

Myfyrdod:
Mae Llyfr y Diarhebion yn un o hen lyfrau'r Hen Destament, a dywedir ei fod yn dyddio yn bell yn ôl mewn amser, ac wedi ei ysgrifennu ar ddechrau cyfnod y Brenhinoedd. Cyfnod oedd hwn a fu'n nodweddiadol wrth ffurfio'r genedl Iddewig wreiddiol. Dywedir ei bod yn mynd mor bell â chyfnod teyrnasiad y brenin Solomon, ac yn cael ei ddyddio rhyw 2,500 i 3,000 o flynyddoedd yn ôl.

Gwelwn felly bod y 'diarhebion' neu'r *dywediadau doeth* hyn yn dyddio o'r un cyfnod lle'r oedd pobl Cymru yn byw o hyd ar ddiwedd Oes y Cerrig a dechrau Oes yr Efydd. Cyfnod cyntefig iawn yn ein gwlad ni, ond eto yn y Dwyrain Canol roedd llawer o ddatblygu wedi digwydd ym myd y llwythau. Cyfnod o adeiladu trefi a dinasoedd, cyfnod sefydlu amaethyddiaeth a masnach, a chyfnod datblygu ffyrdd newydd o addoliad - wrth gydnabod pwysigrwydd a pherthynas â'r Un Duw Mawr - sef Duw'r Tad, y Creawdwr.

Wrth gydnabod eu cysylltiad â Duw, bu i'r Iddewon ddatblygu eu diwylliant a'u crefydd law yn llaw. Un o'r nodweddion cynnar a welwn yn yr Hen Destament yw bod y sawl a fu'n ysgrifennu'r hanesion yn canolbwyntio'n aml ar y gwersi oedd yn dod o brofiad ac effaith rhyw ddigwyddiad. Gwelwn yn aml eu bod wedi sylweddoli pwysigrwydd glendid wrth ymwneud â chadw anifeiliaid, a sut i baratoi cig a bwyd i'w bwyta. O hyn, gwelwn ddatblygiad cyfreithiau a ffyrdd arbennig o wneud eu gwaith o ddydd i ddydd. Hefyd gwelwn bwysigrwydd addysg yn datblygu yn y cyfnod cynnar hwn.

Yr hyn a welwn yn y darn bach yma o'r Diarhebion yw cyfarwyddyd tad i'w fab ifanc. Mae'r Llyfr yn un sy'n llawn o ddywediadau doeth, a bu'n fodd i ddysgu pobl ifanc am eu lle mewn bywyd, ac yn fwy pwysig efallai - am y ffordd y dylent fyw.

Ysgrifennwyd y Llyfr mewn wyth rhan; a bu'n delio â doethineb, a dywediadau; gan gynnwys rhai uchelgeisiol iawn ar sut i gael gwraig berffaith!

I'r rhai ohonom sydd â phlant, neu wyrion ac wyresau, sylweddolwn y pwysigrwydd o fod yn gallu rhoi cymorth iddynt yn ystod eu blynyddoedd cynnar. Ond cofiwn hefyd, fel y mae plentyn yn datblygu gwelwn ei hymateb i'n cyfarwyddyd yn newid hefyd.

Fel babanod mae gennym ffydd eithaf syml; ac rydym yn dibynnu'n hollol ar y rhai sy'n ein gwarchod. Mae'r math yma o 'ffydd baban' yn aros gyda rhai pobl trwy gydol eu hoes; ond nid yw hynna'n ffydd sy'n aeddfedu! Mae baban yn dysgu wrth weld, clywed a gwrando, a thrio gwneud y pethau yr ydym ni'n eu gwneud. Ond mae yna beryglon ar adegau.

Gwelwn ein plant ambell dro yn trio ein plesio drwy ddynwared y pethau yr ydym ni'n eu gwneud. Mae plentyn ifanc yn aml yn gwneud pethau heb ddeall pam. Ac ambell waith, mae'n 'profi' ei rieni i weld pa mor bell y gall fynd. A gwelwn hyn yn aml yn storïau Iesu yn y Beibl, fel yr un am y mab afradlon.

"Peidiwch â gwrthod fy nysgeidiaeth..." (Adnod 2), medd y tad wrth ei fab. Mor hawdd yw hi pan ydym yn ifanc i ni feddwl mai ni sy'n iawn bob amser! Gwelwn rywfaint o wrthryfela ym mhob teulu wrth i'r plant ddatblygu. A dyna'r union sefyllfa yn amser yr Hen Destament. Ond gobeithiwn wrth iddynt aeddfedu y byddwn yn gweld y plant yn dysgu ac yn defnyddio'r rhyddid y mae'r rhieni yn ei roi iddynt.

Yn Adnod 4 gwelwn, " ...gosod dy feddwl ar fy ngeiriau: cadw fy ngorchmynion i ti gael byw...". Efallai y gallwn weld yma adlewyrchiad diweddarach yng ngeiriau Iesu pan mae'n dysgu Gweddi'r Arglwydd i ni. Digon hawdd yw cael ufudd-dod babanaidd i Dduw, wrth ymateb i bopeth yn ddi-gwestiwn a difeddwl. Digon hawdd hefyd yw cael ufudd-dod sy'n dod o feddwl y gallwn ddianc rhag gwneud y pethau pwysig, gan obeithio nad yw Duw yn gwylio.

Dylwn gofio, yn ein bywydau prysur, ei bod hi'n angenrheidiol i ni edifarhau a gofyn am faddeuant o hyd. Os ydym yn ceisio bywyd tragwyddol, mae'n rhaid i ni wrando ar hyfforddiant a dysgeidiaeth Iesu; oherwydd dim ond trwyddo ef y cawn iachawdwriaeth. 'Ffydd aeddfed' ydi'r ffydd sy'n defnyddio'r rhyddid mae Duw ein Tad yn ei roi, ac sydd hefyd yn dysgu o ddoethineb Duw'r rhiant. Mae hynny'n cynnwys dysgu beth ydi pechod, a sut i'w osgoi. Er ein bod ninnau yng Nghymru ar adegau yn poeni am gyflwr ein heglwysi, diolchwn fod yna blant a phobl ifanc o hyd yn clywed Iesu'n galw, a'u bod nhw'n dod yn aelodau o'n heglwysi.

Yng nghanol y bennod, gwelwn Adnod 11, "... Hyfforddais di yn ffordd doethineb; dysgais i ti gerdded llwybrau union...". Os ydym am ddilyn llwybrau Iesu byddwn yn llwyddo, ond nid yw'n hawdd. Mae Iesu wedi torri llwybr arbennig i ni ei ddilyn; ond mae'n gallu bod yn anodd - llwybr ydyw sy'n gallu bod yn llithrig iawn ar adegau.

Ac wedyn, gwelwn yr adnod sydd ar ddechrau'r myfyrdod, "Glŷn wrth addysg, a hynny'n ddi-ollwng; dal d'afael ynddi oherwydd hi yw dy fywyd..." (Adnod 13). Dyma efallai, yw'r adnod bwysicaf yn y bennod. Fel y mae llawer ohonom ar ddechrau'r hydref yn mynd â'n plant i golegau a phrifysgolion am y tro cyntaf, sylweddolwn werth y cyfle o dderbyn addysg yn ein bywydau. Ond dylwn hefyd sylweddoli bod miliynau o bobl ifanc ar draws y byd nad ydynt yn cael yr un cyfle.

Wrth i ni ddiolch am y cyfleon a gawsom, sylweddolwn am y tlodi a'r problemau sy'n bodoli i gynnal ysgolion a cholegau yn llawer o ardaloedd y Trydydd Byd. Gofynnwn felly ar i Dduw fendithio ein plant, iddynt hwy gael y cyfle i gynorthwyo eraill sydd angen ein cymorth yn y dyfodol.

Mae yna ganran fechan o blant a rhieni sy'n meddwl bod addysg yn wastraff amser. Ond heddiw, fel ag yr oedd 3,000 o flynyddoedd yn ôl, mae addysg mor bwysig ag erioed. Nid addysg sy'n dysgu ffeithiau yn unig; ond addysg am foesoldeb hefyd, a sut i fyw'n gytûn â'n cymdogion, a'n rhan ni fel pobl gyfrifol.

Wrth i ni ddechrau tymor newydd yn yr Ysgol Sul, gobeithio ein bod yn sylweddoli bod llawer o gyfarwyddiadau i ni mewn sawl rhan o'r Beibl, rhai sy'n ymwneud ag addysg a bywyd. Mae awdur y Diarhebion yn ein rhybuddio ni i beidio â '...dilyn llwybrau'r drygionus ...' (Adnod 14), a pheidio bod yn golledig.

Yn y Testament Newydd, gwelwn gyfeiriadau at Iesu'r *Bugail Da*, a ninnau yw ei ddefaid. Wrth i ni bori'r llethrau peryglus a dilyn ein trwynau tua phorfa las yr ochr draw, mae Ef yn barod i'n hachub. Mae ein bugail ninnau felly yn cymryd gofal ohonom, ac wedi bod yn barod i aberthu ei hun er mwyn gofalu am y defaid er eu crwydro. Mae cariad

Iesu yn barhaus, ac felly mae'n angenrheidiol i ni wrando a dysgu'r hyn y mae'n ei ddweud wrthym, a dilyn ei lwybrau trwy gydol ein bywydau.

Y rhai colledig y mae Iesu yn eu ceisio unwaith eto; i'w dwyn i mewn yn saff i gorlan teyrnas Dduw.

Y Bugail mwyn o'r nef a ddaeth i lawr
i geisio'i braidd drwy'r erchyll anial mawr,
ei fywyd roes yn aberth yn eu lle,
a'u crwydrad hwy ddialwyd arno fe.
[CFf 346. David Charles]

Trafodaeth:

❖ Yn eich profiad chi, beth sydd wedi newid yn y ffordd yr ydych chi'n hyfforddi pobl ifanc yn yr eglwys heddiw?

❖ Ym mha ffyrdd y gallwn ddatblygu gwaith ein hysgolion Sul heddiw?

❖ A yw addysg seciwlar yn gallu bod o gymorth i blant i ddatblygu eu gwybodaeth am ffydd a chrefydd? Beth yw eich sefyllfa chi yn lleol?

❖ Pa adnoddau ychwanegol sydd angen arnoch i ddatblygu eich ysgol Sul?

2. Gwybod y ffordd

Gwna i mi wybod dy ffyrdd, O Arglwydd, hyffordda fi yn dy lwybrau. (Salm 25:4)

Darlleniad: Salm 25: 1-21

Myfyrdod:
Mae'r Salmau'n adlewyrchu pob math o deimladau dynol - o fod yn dywyll ac yn ofnus, i fod yn hapus a gorfoleddu clod i'r Arglwydd ein Duw. Fe'i hysgrifennwyd yn ystod cyfnodau pan fu profiadau mawr, rhai da ac erchyll - rhyfel, stormydd, hapusrwydd, diogelwch a chyfyngderau. Yn ein cyfnod ni heddiw, mae'n bosib gweld rhai pethau tebyg sy'n dod i'r meddwl.

Teimlwn yr hapusrwydd o groesawu baban newydd i'r teulu, dyweddïo a phriodas; a diolchgarwch pan fo rhywun yn gwneud yn dda yn ei gwaith neu mewn arholiadau. Ond hefyd, ar yr ochr arall, cawn brofiadau o golli rhai annwyl, difrod stormydd, effaith sychder a newyn, a'r rhyfeloedd diddiwedd ar draws y byd.

Fel pobl, rydym yn cael ein heffeithio gan yr un teimladau a'r salmydd: emosiynau a chwestiynau mawr bywyd, ac yn galw allan am Dduw yn ein *hangen,* fel ag o'r blaen. Gallwn weld fel ag yn y dyddiau a fu, beth oedd yn cael ei ysgrifennu, a'r ymateb. Gwelwn y teimladau a ddaw drwy'r adroddiadau a'r adnodau. Gwelwn hefyd, yn aml, ddyfnder y *ffydd* a fyddai'n dod wrth ddilyn Duw, ac wrth *ymddiried* ynddo. Mae angen y ffydd arbennig yma arnom ni heddiw, fel ag o'r blaen.

Gwelwn nad un ddogfen yn unig yw'r Salmau, ond casgliad o bum llyfr; ac maent wedi eu rhannu i ddarnau dilynol - Salm 1-41, 42-72, 73-89, 90-106, 107-150. Diweddir pob llyfr gyda 'mawlgân' (*doxology*), sef Salm sy'n mawrygu moliant i'r Goruchaf, ac mae'r olaf un, Salm 150:6, yn cloi'r moliant i'r llyfrau i gyd wrth gyhoeddi, "Bydded i bopeth byw foliannu'r Arglwydd. Molwch yr Arglwydd...".

O fewn y Salmau eu hunain, gwelwn eu bod wedi eu gosod mewn grwpiau gyda thema gyffredin, pwrpas cyffredin neu awdur cyffredin; a rhoddir teitlau i rai sy'n cyfeirio at ddigwyddiadau neu bobl arbennig, fel y Brenin Dafydd. Er enghraifft, cyflwynwyd Salm 25 i'r brenin, ac fe'i hysgrifennwyd mewn ffordd arbennig i ddyrchafu moliant i Dduw. Mae saith adnod gyntaf y Salm yn werth eu darllen sawl gwaith, oherwydd maent yn cyfeirio at y gwir addoliad sy'n perthyn i'r sawl sy'n barod i ddod o flaen Duw yn edifeiriol ac mewn cariad.

Gwelir mewn mannau eraill gyfeiriadau at awduron gwahanol, ac mae yna 73 Salm sy'n uniongyrchol gysylltiedig â Dafydd; sef oddeutu hanner o'r pum llyfr cyfan. Mae'r rhain yn cyfeirio'n agos iawn at ddigwyddiadau y gwelwn mewn rhannau eraill o'r Beibl. Dywedir bod Dafydd y brenin yn gerddor ac wedi ysgrifennu cryn dipyn ohonynt ei hun, gwelir hyn mewn enghreifftiau cerddorol, megis Llyfr Cyntaf Samuel 16:17-23 a Llyfr Cyntaf y Cronicl 25:1-8.

Wrth edrych ar y Salmau dylwn gofio mai barddoniaeth Iddewig sy'n cael ei arddangos, ac mae'n wahanol i'n barddoniaeth ni. Maent i raddau yn areithiau y gwrolion gynt, a chawn enghreifftiau da iawn o hanes a theimladau'n cael eu harddangos yn yr un darn. Mae llawer ohonynt yn weddïau cyhoeddus a gellir eu defnyddio mewn gwasanaethau arbennig.

Wrth edrych yn fanwl ar Salm 25, gwelwn ei bod yn cael ei rhestru fel 'Galarnad Bersonol'. Mae'r awdur yn amlygu ei hun fel un sy'n poeni'n arw am iddo gael ei aflonyddu neu'i ddychryn gan ei brofiadau personol.

Mewn ffordd, gallwn edrych ar hon fel gweddi i rywun mewn trafferth. Synhwyrwn ei fod wedi dioddef ymosodiadau niferus gan ei elynion, ac ymddengys ei fod yn gwybod bod angen cymorth Duw yn fawr arno i'w achub. Felly, mae'n troi at yr Arglwydd mewn gweddi ac yn gofyn am gymorth i ddangos ffordd newydd iddo, ac iddo brofi unwaith eto *gariad* a *maddeuant* Duw. Mae hyn yn debyg iawn i lawer o'r themâu a welwn yn y Testament Newydd.

Yn Adnod 4 mae'n dweud, "Gwna imi wybod dy ffyrdd, O Arglwydd, hyffordda fi yn dy lwybrau". Mae yma neges arbennig i'r ddynoliaeth heddiw. Rhaid i ni fod yn ddigon gwrol fel unigolion, a hefyd fel cenhedloedd, i droi'n ôl at Dduw a gofyn iddo ddangos i ni'r ffordd iawn unwaith eto. Glynwn yn dynn wrth eiriau Iesu wrthym heddiw, wrth i ni unwaith eto ddilyn ei lwybrau yn ôl at Dduw, a'i deyrnas nefol.

Yn yr adnod nesaf, gwelwn y geiriau, "Arwain fi yn dy wirionedd a dysg fi, oherwydd ti yw Duw fy iachawdwriaeth; ...". Mae'r awdur wedi sylweddoli mai dim ond trwy droi'n ôl at Dduw y gellir ei achub. Mae'n gofyn i'r Arglwydd i'w arwain unwaith eto. I'r genedl hon, yr un yr ydym yn rhan ohoni heddiw, rydym wedi troi oddi wrth Duw, fel y gwnaeth llawer o'r llwythi Iddewig yn yr oesoedd gynt.

Yr un y mae'r Salmydd yn ei geisio yn yr oesoedd gynt yw Duw, a dibynwn iddo am ein hiachawdwriaeth ni hefyd, oherwydd danfonodd ei fab i'n hachub. Derbyniwn Iesu yn iachawdwr, a'r un sy'n ein harwain yn ôl at y Tad. Gwelwn yma felly, ddilyniant yn y wers o 'droi yn ôl' yn ymddangos dro ar ôl tro yn yr Hen Destament a'r Testament Newydd.

Pa eiriau gwell y gallwn eu cael i'n hadnewyddu a'n cysuro, na'r geiriau sydd wedi eu hysgrifennu yn Adnod 10, i blant Duw: "...Y mae holl lwybrau'r Arglwydd yn llawn cariad a gwirionedd i'r rhai sy'n cadw ei gyfamod a'i gyngor...". Trown yn ôl at Dduw, a gofynnwn am ei gyngor, a diolchwn bod Iesu yno i'n cynorthwyo i gyd yn awr.

Mae llawer o bobl yn mynd trwy fywyd ac yn profi pethau'n anodd iawn. Rhaid i ni gofio, ni ddywedodd Iesu y byddai'n hawdd; ond mae ei gyngor i ni ei ddilyn yn werthfawr i bob un ohonom. Diolchwn felly, ei fod wedi ei ddanfon atom; i bob un ohnonom sy'n credu, i gael cyfle newydd i symud o'r hen ffordd, i un arall.

Trown yn ôl at Dduw ein tad nefol, a rhown ein clod iddo. Gofynnwn iddo, fel yn Adnod 16, "...Trof ataf, a bydd drugarog wrthyf, oherwydd unig ac anghenus wyf fi...". Ie, unig ac anghenus. Mae llawer un ohonom wedi cael y profiadau hyn, ac rwy'n siŵr bod sawl un ohonom heddiw yn teimlo felly yn aml.

Os ydym angen cymorth i wynebu ein hanghenion cyfoesol, trown at Salm 25 a gofynnwn o dro i dro yn ein gweddïau, y geiriau a geir yn Adnod 18: "...Edrych ar fy nhrueni a'm gofid, a maddau fy holl bechodau...".

Os oes un thema sy'n rhedeg drwy'r Salm hon, teimlwn mai'r angen am faddeuant yw'r un mwyaf nodweddiadol. Beth bynnag a brofodd y Salmydd yn ei fywyd, mae'n debyg iddo gael amser drwg ar brydiau. Ond hefyd, gwelwn fod y gŵr hwn wedi sylweddoli ei gyflwr a'r hyn yr oedd angen iddo ei wneud, a'r atebion wrth iddo ofyn a derbyn maddeuant Duw. Mae yna wers da iawn yn y Salm hon ar ein cyfer ni heddiw, a byddai'n dda i ni edrych arni o dro i dro, oherwydd mae'n wers hynafol, ond eto yn bwrpasol i'n hoes ni.

Trafodaeth:

❖ A ydym yn bobl sy'n barod i dderbyn arweiniad, fel ag yr oedd awdur y Salm?

❖ Faint o'r Salm sy'n cysylltu â neges Iesu Grist yn y Testament Newydd?

❖ Edrychwch ar Adnod 9. A ydym ni fel pobl eglwys yn ostyngedig o hyd neu a ydym wedi dilyn llwybrau'r byd ormod?

❖ Crëwch dair neu bedair brawddeg yn eich geiriau eich hun i adlewyrchu brif neges y Salm.

3. Y disgyblion yn poeni

Pam na allem ni ei fwrw ef allan? (Mathew 17:19)

Darlleniad: Efengyl Mathew 17: 14-21

Myfyrdod:
Erbyn hyn, rydym wedi gweld yr angen i ni ddal ein gafael ar addysg (Gwers 1), ac i sylweddoli bod rhaid i ni chwilio, yn edifeiriol ac mewn ffydd, i gael ein hachub (Gwers 2). Y tro yma, down ar draws rhai a oedd wedi derbyn Iesu yn arweinydd, ac maent yn ddisgyblion iddo. Ond yn anffodus, roeddent yn teimlo'n ddigalon yn y storïau a adroddir yn y darlleniad uchod.

Gwelwn y stori hon, a gofnodir o dan y teitl "Iacháu Bachgen â Chythraul ynddo", mewn dwy o'r efengylau eraill hefyd, (sef Marc 9:14-29 a Luc 9:37-43a). Stori yw am ŵr ifanc gydag afiechyd a oedd yn ei daro yn aml, a dywedir bod sawl un wedi ei weld yn brifo (*dolurio*) ei hun yn aml. Mae tad y bachgen wedi ymbilio ar y disgyblion i helpu'r gŵr ifanc, ond yn anffodus ni allent wneud llawer.

Mae'r disgrifiad o'r gŵr ifanc a'i afiechyd yn gwneud i ni feddwl am gyflwr tebyg sy'n bodoli heddiw yn ein plith, sef *epilepsi.* Mae'n taro'r claf yn annisgwyl ac mae'r symtomau'n achosi ofn i lawer o bobl sy'n gweld ei effaith am y tro cyntaf.

Yn y stori, sylweddolwn fod y disgyblion wedi gwneud ymdrech i helpu ond methu a wnaethant. Aethant at Iesu a dweud wrtho beth oedd wedi digwydd ac nad oeddent wedi gallu helpu. Roedd ymateb Iesu o bosib rywfaint yn annisgwyl, wrth iddo gyfeirio at ddiffyg ffydd y disgyblion. Roedd angen iddynt edrych yn fwy manwl ar eu cyflwr ysbrydol. Yn Adnod 17, nodwyd Iesu'n ymateb fel hyn: "...O genhedlaeth ddiffydd a gwyrgam, pa hyd y byddaf gyda chwi? Pa hyd y goddefaf chwi? Dewch ag ef yma ataf fi."

Cofiwch, bu i Iesu ddanfon y deuddeg disgybl allan o'i flaen yn barod i wneud pethau arbennig, "Wedi galw ato ei ddeuddeg disgybl, rhoddodd Iesu awdurdod dros ysbrydion aflan, i'w bwrw allan, ac i iacháu pob afiechyd a phob llesgedd", (Mathew 10:1). Nes ymlaen, mae'n cryfhau'r pwerau i gynnwys iachau'r cleifion, cyfodi'r meirw, glanhau'r gwahanglwyfus, a bwrw allan gythreuliaid (Mathew 10:8, a hefyd yr un stori yn Marc 3:13-19 a Luc 6: 12-16).

Mae'n ymddangos o'r stori am y gŵr ifanc, bod rhai o'r disgyblion wedi methu yn y comisiwn a roddwyd iddynt. Yn ôl un neu ddau esboniwr ar Efengyl Mathew, mae'n bosib bod yr hanes wedi ei adrodd yn gywir, ond ei fod wedi ei gofnodi yn y lle anghywir yn y Testament Newydd, a bod hyn wedi digwydd cyn iddo roi'r comisiwn iddynt. Mae'n bosib bod hyn yn rhesymol fel ateb, oherwydd mae'n ymddangos bod un neu ddau o'r storïau eraill wedi eu cofnodi yn y drefn anghywir.

Beth bynnag oedd y rheswm, mae'r disgyblion hyn yn teimlo'n isel, ac yn methu gwneud yr hyn mae Iesu am iddynt eu gwneud.

Pan ofynnodd y disgyblion iddo, "Pam na allwn ni ei fwrw allan?" atebodd Iesu, "Am fod eich ffydd chi mor wan ...". Mae hyn yn gwneud i ni feddwl bod y disgyblion wedi dioddef, am gyfnod, o iselder ysbryd.

Roedd y disgyblion yn mynd o bentref i bentref yn paratoi'r ffordd i Iesu ddod yno. Roedd ganddynt neges o obaith ar gyfer yr Iddewon colledig i droi'n ôl at Dduw, (gweler yr un thema yn tarddu o'r ddwy wers gynharaf). Yn Efengyl Marc (Marc 6:6 - Cenhadaeth y Deuddeg), gwelir eu bod yn mynd o amgylch y pentrefi gan ddysgu. Ond efallai, oherwydd ei agosrwydd at y genedl Iddewig, y pwysleisia, "...Peidiwch â mynd i gyfeiriad y Cenhedloedd, a pheidiwch â mynd i mewn i un o drefi'r Samariaid. Ewch yn hytrach at ddefaid colledig tŷ Israel..." (Mathew 10:5-6).

Gwelwn yn glir yma, mai neges at ei gyd-Iddewon a chaiff ei phwysleisio yn rhan gyntaf Efengyl Mathew. Cwestiwn synhwyrol i ni heddiw yw, "A yw'r neges yr un fath i ni yn yr oes hon, ac a oes angen i ni gyflwyno Iesu unwaith eto i'r colledig yn ein plith?" Gallwn gyfeirio yn uniongyrchol efallai at y rhai sydd wedi bod yn mynychu'r eglwys, ac yn addoli ac wedi'u derbyn fel aelodau; ond erbyn heddiw wedi dieithrio o fywyd yng Nghrist i fywyd bydol, ac yn methu cydnabod Duw yng Nghrist.

Wrth ymateb i'w ddisgyblion, mae Iesu yn dweud wrthynt, pe bai'r ffydd lleiaf ynddynt (ac mae'n cymharu rhywbeth bychan y maent i gyd yn ei adnabod, sef hedyn mwstard), byddai'n bosib iddynt wneud y pethau rhyfeddaf, "...Ac ni fydd dim yn amhosibl i chwi", (Mathew 10:20).

Mae'r stori am y gŵr ifanc yn gyfrwng i'r darllenydd sylweddoli teimladau a digalondid y disgyblion. Efallai eu bod wedi cael llawer o brofiadau negyddol, lle nad oedd eu cyd-Iddewon am dderbyn eu neges. Efallai iddynt fod yn rhy awyddus i wneud eu gwaith a'r bobl leol yn eu hofni, yn enwedig os oeddent wedi cael yr awdurdod i wneud gwyrthiau. Mae colli hyder yn ein gallu i wneud rhywbeth yn brofiad sy'n dod ar draws llawer o bobl.

Er enghraifft, os caiff plentyn ei frathu yn gas gan gath neu gi, byddwn fel oedolion yn amheus iawn o adael iddynt fod yn agos i anifail. Pan fydd rhai yn cael damweiniau mewn moduron, bydd rhai yn cael trafferth dychwelyd i yrru am gyfnod.

Rhywbeth naturiol, dynol yw'r esboniadau hyn ym mywyd llawer un, ac efallai y gwelwn yn seicolegol bod y disgyblion wedi colli eu ffydd eu bod yn gallu gwneud yr hyn oedd Iesu wedi'u dysgu iddynt. Pan oeddent yn dilyn Iesu, roeddent yn hyderus oherwydd eu bod yn dysgu gydag Ef, ac yn ei weld yn gwneud pethau. Ond pan oeddent allan ar eu pennau eu hunain, neu fel tîm o ddau fel y cofnodir yn yr Efengylau, efallai bod angen mwy o brofiad arnynt a mwy o hunan-hyder hefyd.

Cofiwch, nid athrawon yr Ysgrythurau oedd y rhain ond pysgotwyr a gweithwyr lleol heb llawer o addysg. Efallai, wrth iddynt gyfarfod ag Iddewon addysgiedig, ei bod hi'n fwy anodd iddynt wneud eu gwaith. Roedd Iesu wedi gweld potensial yn y bechgyn ifanc hyn, ac wedi adeiladu eu hunan-hyder.

A beth amdanom ni, aelodau eglwys Crist heddiw? A ydym ninnau hefyd wedi colli rhywfaint o'r hyder yma a fu mor weithgar yn ein cymunedau cyhyd? A ydym ninnau hefyd yn teimlo'n isel oherwydd bod aelodau ein heglwysi'n mynd yn hŷn a'r niferoedd yn gostwng, a bod rhai o'n heglwysi ni'n methu? A oes atebion gennym i'n problemau lleol? Beth yw rôl yr eglwys yn y gymuned bellach? Mae hyn yn codi llawer iawn o gwestiynau y dylid eu trafod yn ystod y misoedd nesaf.

Er bod y stori hon braidd yn negyddol o ran y disgyblion, mae Iesu yn eu hatgoffa na fydd dim yn amhosibl iddynt. Mae datblygu hunan hyder ym mhobl Duw trwy ddatblygu eu ffydd yn hanfodol i dyfiant ysbrydol. Yn aml byddwn yn meddwl yn negyddol am effaith crefydd ar ein plant a'n pobl ifanc, wrth weld ein hysgolion Sul yn lleihau mewn llawer i bentref.

Ond eto, wrth siarad â phobl ifanc, mae llawer ohonynt yn cydnabod eu bod yn bobl ysbrydol, yn cydnabod Iesu yn fab Duw, a chanddynt weledigaeth o fyw yn y modd y byddai Iesu wedi ei argymell. Y drafferth yw, nad ydynt bob amser yn awyddus i fod yn rhan o oedfa blant neu Ysgol Sul draddodiadol. Yr her i ninnau yn ein cymunedau gwahanol, a'n traddodiadau eglwysig amrywiol, yw edrych am ffyrdd y gallwn gyflwyno Iesu i genhedlaeth newydd, sy'n llawer mwy ymwybodol o'r byd a'i chyflwr nag a sylweddolwn weithiau.

Mae'n hawdd condemnio pobl ifanc am y pethau drwg sy'n digwydd o bryd i'w gilydd, ond eithriadau yw'r rhain. Rydym ond yn clywed am y pethau drwg, nid yw'r bobl ifanc da yn cael llawer o sylw yn y cyfryngau. Mae Iesu'n amlwg yn ein hannog i helpu'r rhai ifanc, "Gadewch i'r plant ddod ataf fi a pheidiwch â'u rhwystro, oherwydd i rai fel hwy y mae teyrnas nefoedd yn perthyn", (Mathew 19:14).

Trafodaeth:

❖ Pa bethau sy'n achosi i ninnau, aelodau eglwysi, i golli hyder yn ein ffydd?

❖ A ydym yn gwneud ymdrech i addasu ein hoedfaon a'n Hysgolion Sul i gynorthwyo pobl i addoli a datblygu yn eu ffydd? Neu, a ydym yn teimlo nad oes angen newid ein trefn, oherwydd mae'n gweithio yn iawn fel ag y mae?

❖ Sut allwn ni gyfathrebu'r Newyddion Da i bobl o bob oed yn ein cymunedau modern, yn enwedig os nad oes gennym weinidog neu arweinwyr ffurfiol?

❖ A oes gennych enghreifftiau o brosiectau cymunedol sy'n cyd-weithio gyda'r eglwysi i gynorthwyo pobl ifanc yn eich hardaloedd lleol? Pa mor llwyddiannus ydynt?

4. Achub y dilynwyr

Ac felly y bu i bawb ddod yn ddiogel i dir. (Actau 27:44)

Darlleniad: Actau'r Apostolion 27: 27-44.

Myfyrdod:

Yn y stori hon gwelwn Luc yn ysgrifennu hanes Paul ar ei ffordd i gael ei brofi gan yr Ymerawdwr yn Rhufain. Mae'r siwrnai'n un hir ac yn llawn peryglon o'r môr. Heddiw, mater o fynd ar awyren fodern am tua dwy awr o Tel Aviv i Rufain yw hi; ond yn y dyddiau cynnar y cyfeirir atynt, gallai fod yn daith o sawl wythnos.

Wrth fynd ar draws Môr y Canoldir, lle mae llawer ohonom yn treulio ein gwyliau blynyddol, aeth y llong roeddent yn teithio arni i drafferth nepell o'r tir; mwy na thebyg oherwydd storm.

Ar lannau Ynys Môn yn y bedwaredd ganrif ar bymtheg, collwyd y llong 'S.S. Royal Charter' wedi iddi daro creigiau rhyw 20 llath o'r tir ger Moelfre yn 1859. Yn ôl Philip Eden, yr awdur hanes morwrol, roedd y llong ar ei ffordd o Freemantle, Awstralia i Lerpwl, â tua 400 o deithwyr a gwerth £½miliwn (ym mhres y cyfnod) mewn aur arni. Boddi a wnaeth y mwyafrif o'r criw a'r teithwyr oherwydd y tywydd mawr, er eu bod mor agos i'r tir.

Rhyw brofiad tebyg, dybiwn ni, oedd sefyllfa Paul a'i gyd-deithwyr yn y digwyddiad hwn. Mae'n ddiddorol sylwi ar bŵer y môr mewn cyfnodau stormus. Er ein bod ni'n petruso am gyflwr ein hinsawdd heddiw, cofiwn bod y tywydd yn gallu bod yn arw'n aml. O ddiwrnod colli'r Royal Charter, sef 25 Hydref hyd 9 Tachwedd (rhyw bythefnos), nodir yn ystadegau'r Llynges bod 325 o longau o wahanol faint, gyda 748 o bobl wedi eu colli o amgylch arfordir Prydain o ganlyniad i stormydd.

Yn ôl Luc, roedd y llongwr am ladd y carcharorion rhag iddynt ddianc. Ond gwnaeth y canwriad yn siŵr y gallai'r rhai a allai nofio fynd at y 'lan', a'r lleill fynd i mewn ar brennau neu ystyllod a dorrwyd oddi ar y llong. Felly, cyrhaeddod Paul a'i gyd-deithwyr yn saff ar Ynys Melita, ond roeddent ymhell o Rufain o hyd.

Wrth wneud tân ar y traeth dywedwyd bod Paul wedi ei frathu gan neidr o ryw fath. Roedd y bobl lleol yn meddwl y byddai'n marw oherwydd tybiwyd bod y neidr yn un wenwynig. Ond nid oedd i fod, a rhyfeddodd pawb! Felly gwelwn ei fod wedi ei achub am yr ail waith. A dyna'r gair sy'n ffurfio thema i'r fyfyrdod hon, sef y gair *achub*. Gallwn edrych ar hyn mewn 3 ffordd:

Yn gyntaf, *Achub Bywyd.* A'r ôl y llongddrylliad roeddent yn ffodus iawn i fod yn fyw wrth ystyried y sefyllfa yr oeddent wedi bod ynddi ers cymaint o ddyddiau; yng nghanol y stormydd a'r glaw mawr am dros pythefnos ar y môr.

Gwelwn yn y stori eu bod wedi glanio'n saff ar y tir, a chafwyd y modd iddynt helpu ei gilydd wrth baratoi tân i'w cynhesu. Hefyd, bu'r brodorion lleol yn garedig iawn iddynt; yn sicr, nid hwn oedd y tro cyntaf iddynt weld llongddrylliad yn lleol. Dros y blynyddoedd yn y mwyafrif o eglwysi, mae yna rywrai sydd wedi bod mewn sefyllfa i achub rhywun - wrth wneud Cymorth Cyntaf, nofio ac yn y blaen. Mae gennym gyfeillion sy'n gweithio neu wedi ymddeol o fod yn nyrsys neu feddygon, aelodau o'r heddlu, y gwasanaeth ambiwlans, y frigâd dân, y bad achub neu wylwyr y glannau. Mae'r bobl hyn wedi eu hyfforddi i ddelio ag argyfwng, ac yn gwneud y math hwn o waith yn ddyddiol.

Ond efallai bod rhai ohonom wedi cael profiad gwahanol o achub rhywun, yn y cartref neu yn y gwaith. Mae pob profiad yn arbennig ac yn unigryw. Yr hyn sy'n bwysig yw cael yr hyder i 'wneud rhywbeth'. Mae llawer ohonom hefyd wedi cael y profiad o weld rhywun yn dioddef ac yn methu gwneud dim byd oherwydd nad ydym wedi derbyn yr hyfforddiant cywir neu am nad oes gennym yr adnoddau neu'r hyder i wneud yr hyn sydd ei angen.

Yn ail, *Achub Enaid.* Mae llawer o bobl yn byw bywydau sy'n llawn peryglon; nid yn unig rhai sy'n gallu achosi problemau a allai arwain at niwed neu farwolaeth, ond hefyd rhai sy'n peryglu eu henaid.

Gwelwn hysbysebion yn aml ar y teledu gan bobl yswiriant neu gyfreithwyr arbenigol yn gofyn y cwestiwn, "A ydych chi wedi cael damwain yn y tair blynedd diwethaf, nad eich bai chi oedd o?" Mae'r ddynoliaeth yn edrych yn aml iawn fel petai hi'n symud i un lle mae'n rhaid rhoi'r bai ar rywun o hyd. Rhywun arall hynny yw. Wrth gwrs, yn ein cymdeithas fodern, mae pawb yn ymwybodol mai rhywun arall sydd ar fai os oes rhywbeth yn digwydd!

Wrth i ninnau fel pobl anghofio am grefydd a symud fwy fwy tuag at y byd materol, a'r pwyslais ar 'werth yr unigolyn'; mae llawer wedi osgoi'r cyfrifoldeb am achub eu heneidiau. "Beth yw hyn?" meddai pobl heddiw, "nid oes y fath beth ag enaid". Ond gwelwn mai ffolineb yw credo felly. Mae ein bywydau a'n heneidiau ynghlwm mewn ffyrdd na allwn eu dadansoddi na'u disgrifio gyda thermau gwyddonol. Yn hytrach, rhaid i ni gredu yn y geiriau sydd wedi eu rhannu â ni yn y Beibl i wynebu'r sefyllfa hon.

Yn gynharach yn Llyfr yr Actau, gwelwn fod Paul a Silas wedi bod yn "...gweddïo ac yn canu mawl i Dduw, a'r carcharorion yn gwrando arnynt..." (Actau 16:25). Yna bu daeargryn mawr a bu i ddrysau'r carchar agor, a datodwyd rhwymau pawb. Bu i geidwad y carchar gael ofn, a daeth o flaen y ddau gan ofyn, "Foneddigion, beth sydd raid imi ei wneud i gael fy achub?" (Actau 16:30). Yn yr adnod nesaf, atebwyd iddo: "Cred yn yr Arglwydd Iesu, ac fe gei dy achub, ti a'th deulu". Yn wir, roedd bywyd ac enaid y rhain wedi eu hachub wrth dderbyn Iesu i'w calonnau. A dyna hefyd yw'r ateb i'n cenhedlaeth ni: rhaid credu, cyffesu pechodau, gofyn am faddeuant a byw mewn cariad â'n gilydd.

Ac yn drydydd, *Achub Dynoliaeth*. Llawer o unigolion sy'n gwneud dynoliaeth, ond yn anffodus, unigolion sy'n crwydro ar gyfeiliorn yw llawer ohonynt.

Yng nghyfnod yr Hen Destament, rhoddwyd lle arbennig i'r Iddewon yn eu perthynas â Duw, ond dros y canrifoedd, aeth llawer ohonynt ar eu llwybrau eu hunain. Llawer llwybr a grëodd llawer o broblemau. Felly, anfonodd Duw ei fab, Iesu ein Gwaredwr i'r byd.

Heddiw, wrth inni dderbyn y gwahoddiad a roddodd i ni i ymuno ag ef, rydym yn dod at ein gilydd mewn addoliad - 'i'r cwrdd', 'i'r oedfa', 'i'r gwasanaeth', 'i'r ysgol Sul'. Beth bynnag yw ein traddodiad a'n teimlad o fod yn rhan o'r teulu arbennig hwn, sef Eglwys Crist; ein pwrpas yw addoli Duw - yn Dad, yn Fab ac mewn Ysbryd.

Sylweddolwn mai trwy Iesu y cawn ein hachub, trwy Iesu y gallwn ymwrthod â'r hyn sy'n llawn llygredd. Trwy ffydd ac addoliad, gallwn agosáu at ei Deyrnas Nefol. Ef yw ein hachubwr, ac Ef sydd wedi dangos y ffordd i ni, fel Paul a'i gyd-deithwyr, i mewn i'r hafan saff. Gweddïwn arno felly i achub llawer mwy, iddyn nhw hefyd ymuno â ni ar y daith.

Dymunwn i Dduw, yn Iesu Grist, achub y byd oddi wrth ffolineb dynion, ac iddo ddangos y ffordd yn ôl i'r rhai sy'n cerdded ar hyd llwybrau'r ffôl. Ac fel y dywedir yn 1 Pedr 1: 18,19,22,23 - " Gwyddoch nad â phethau llygradwy, arian neu aur, y prynwyd ichwi ryddid oddi wrth yr ymarweddiad ofer a etifeddwyd gennych, ond â gwaed gwerthfawr Un oedd fel oen di-fai a di-nam, sef Crist ... Gan eich bod, trwy ufudd-dod i'r gwirionedd, wedi puro eich eneidiau nes ennyn brawdgarwch diragrith, carwch eich gilydd o galon bur yn angerddol. Yr ydych wedi eich geni o'r newydd..."

I mewn i'r porthladd tawel, clyd,
o sŵn y storm a'i chlyw
y caf fynediad llon ryw ddydd:
fy Nhad sydd wrth y llyw.
[CFf. 167. Ieuan Glan Geirionydd]

Trafodaeth:

❖ Thema'r myfyrdod oedd 'achub', beth mae hynny'n ei olygu i chi yn eich eglwys heddiw?

❖ Pam fod y capten eisiau lladd y carcharorion? A pham wnaeth y canwriad benderfynu'n wahanol?

❖ Sut allwn ni ddisgrifio 'achub enaid' i berson nad yw wedi dod i adnabod Crist eto? Meddyliwch yn nhermau eich cyfeillion lleol nad ydynt yn aelodau o unrhyw eglwys.

❖ Edrychwch am enghreifftiau eraill o'r Hen Destament, lle mae rhywun neu rywrai yn cael eu hachub. Gwnewch restr.

5. **Yn yr ardd gyda Iesu**:

Y mae pob coeden nad yw'n dwyn ffrwyth da yn cael ei thorri i lawr. (Mathew 7:19)

Darlleniad: Mathew 7: 15-20.

Myfyrdod:
Fel y mae'r tymor yn mynd yn ei flaen, gwelwn fod pethau'n newid yn yr ardd ac ar y ffermydd. Mae'r amser i baratoi am y gaeaf wedi dechrau, ac mae'n angenrheidiol ein bod ni'n barod am y tywydd garw ddiwedd y flwyddyn.

Y tro yma rydym wedi troi at Efengyl Mathew, y gyntaf yn y Testament Newydd. Tybiwn fod yr ysgrif wreiddiol yn dyddio'n ôl i'r cyfnod 50-100 Oed Crist, ac fe'i chysylltir â'r apostol o'r un enw, y gŵr a fu'n gasglwr trethi. Mae rhai yn credu bod yna gysylltiad â Pedr hefyd. Nid oes llawer o wybodaeth am yr ysgrifennwr, na'r lle y'i ysgrifennwyd. Mae llawer o'r storïau a'r cofnodion yn debyg i'r rhai yn Efengyl Marc; yr un a ysgrifennwyd yn gyntaf.

O bennod 5 - 7 yn Efengyl Mathew, gwelwn ddarn o hanes pwysig iawn yng nghyfnod allweddol y cyndadau, a'i adnabyddir fel y *Bregeth ar y Mynydd.* Dyma'r rhan hiraf o bum rhan yn yr efengyl, a dyma lle y mae Mathew yn canolbwyntio ar ddysgeidiaeth Iesu.

Yn y darlun hwn gwelwn fod Iesu yn dangos i'w ddilynwyr sut i fyw yn gywir, yn ôl gorchymyn Duw. Mae'n cofnodi bod hyn yn bosib, nid yn unig drwy ddilyn rhestrau o reolau a chyfreithiau, fel y Deg Gorchymyn, ond wrth newid y ffordd y mae'r unigolyn yn byw yn gyfangwbl. Dywedir am yr angen i newid y ffordd yr oedd pobl yn meddwl am bethau, a sut y gallant fod yn fwy dymunol i'w gilydd, a dod yn fwy addolgar unwaith eto.

Un o'r pethau pwysicaf y cofnodir yma, yw bod Iesu Grist, nid yn unig wedi dangos safonau moesol uchel iddynt eu cyrraedd, ond mae'n rhoi cyfarwyddyd iddynt ar sut y gallent gyrraedd y safonau newydd hyn.

Dywedodd Iesu yn y bregeth arbennig hon na fyddai dim yn dod yn uwch na'r gyfraith a roddwyd i ddynion trwy Moses. Ond, dylid cofio mai'r gyfraith yw'r safon lleiaf neu isaf (yr hyn a alwa'r Sais yn *minimum standard*) a ddisgwylir gan bawb. Gall y gyfraith ond delio â'r hyn a wna pobl, ac nid â'r feddylfryd a'r syniadau sy'n arwain at unrhyw ddigwyddiad. Rhoddodd Iesu bum enghraifft iddynt o sut y mae'r gyfraith a phobl yn ymateb i'w gilydd.

Un o'r pethau mwyaf arwyddocaol yn y darn yma yw bod Iesu'n dweud wrthynt fod *pechod* yn dechrau yn y meddwl ac angen *ewyllys* i'w weithredu. Dyma lle y dylid chwynnu, cyn iddo gymryd drosodd ac achosi mwy o broblemau nes ymlaen.

Yn y darlleniad, gwelwn Iesu yn cyfeirio at bethau y mae'r gwrandawyr yn eu hadnabod. Yn y darn bychan hwn mae'n siarad am y syniad o edrych ar bethau sy'n tyfu o amgylch ein gerddi. Nodwyd bod coeden yn cael ei thrin a'i thocio i wneud yn siŵr nad yw tyfiant y flwyddyn nesaf yn amharu ar ei ffrwythlondeb.

Hefyd, cofiwn iddo ddweud bod coeden nad yw'n ffrwytho'n dda yn cael ei thynnu allan a'i llosgi. Rhaid gwneud hyn oherwydd efallai bod yna glefyd neu haint wedi sefydlu o'i mewn, a bod hwn wedyn mewn rhyw fodd yn achosi i'r goeden ddioddef a marw. Rwy'n siŵr ein bod wedi gweld rhywbeth tebyg mewn gardd neu berllan ryw dro.

Cyfeirir at stori debyg yn Luc 6:43-44, lle cofnodir, "Oherwydd nid yw coeden dda yn dwyn ffrwyth gwael, ac nid yw coeden wael chwaith yn dwyn ffrwyth da. Wrth ei ffrwyth ei hyn y mae pob coeden yn cael ei hadnabod..."

I'r rhai ohonom sy'n ceisio tyfu ffrwythau yn yr ardd, rydym yn gwybod pa mor bwysig yw i dorri'n ôl ar or-dyfiant coeden. Os na wneir hyn, mae nerth ei thyfiant yn cael ei gwanhau bob blwyddyn wrth iddi dyfu. Er enghraifft, os gwyliwch yr hyn y mae'r arbenigwyr yn eu cofnodi ar y rhaglenni garddio ar y teledu, (h.y. os ydych chi'n tocio'n galed ar ddiwedd y tymor, cewch lawer mwy o ffrwythau y flwyddyn ganlynol). Bydd y ffrwythau'n fwy blasus ac o safon llawer gwell.

Fel garddwyr, mae llawer ohonom wedi trio dilyn cyfarwyddiadau ar sut i drin coed ffrwythau, ond ambell waith nid ydym yn llwyddo, ac mae rhywbeth yn peri i un goeden fethu. Yn aml, gwelwn ryw haint yn dod ar ei thraws, a'r canlyniad yw na fydd eto yn ffrwythlon. Yr unig ateb i achub y coed eraill rhag yr haint yw ei chodi o'i gwraidd a'i llosgi. Os na wnawn ni hynny, a gadael darn neu wreiddyn ar ôl, mae'n bosib i'r coed neu'r llwyni eraill gael eu heffeithio hefyd. Gwelwn felly bod Iesu'n defnyddio enghreifftiau o'r pethau sydd o amgylch pobl o ddydd i ddydd, ac yn eu hatgoffa o'u cyfrifoldebau fel cenedl ac fel cymuned addolgar.

Yn ystod y blynyddoedd diwethaf, rydym wedi gweld yr effaith ddinistriol yn ein cymdeithas a'r pla mewn cymunedau, trefi a dinasoedd; sef y trais a'r llofruddiaethau ymysg ein pobl ifanc. Effaith y tor-cyfraith sy'n dod o fyd gangiau pobl ifanc o bosib, a newidiadau mawr yn ein cymdeithas a'n bywydau moesol.

Rydym yn byw mewn byd lle mae gwerth bywyd yn aml iawn yn llai na gwerth pryd o fwyd; a lle mae pobl wedi dod i ddefnyddio arfau neu gyllyll fel symbol o bŵer a grym yn ein cymdeithas. Lle nad oes lle i ddemocratiaeth a phenderfyniadau trwy ddadl, daw'r gwn i benderfynu dyfodol cymuned.

Yn anffodus, yn y blynyddoed diwethaf rydym wedi gweld hyn yn digwydd mewn llawer gwlad a thref. Ond eto, mae llawer o'r pethau a welwn neu a glywn yn y papurau newydd a'r newyddion ar y teledu heddiw, ond yn adlewyrchu'r un math o broblemau a ddigwyddai yn ystod cyfnod y stori yn Efengyl Mathew. Ac mae stori'r *Samariad Trugarog* yn dangos hyn yn glir.

Teimlwn ei bod hi'n angenrheidiol i ni fel cymdeithas i wrthwynebu datblygiad pŵer y gangiau hyn. Rhaid gwneud i ffwrdd â'r feddylfryd bod grym yn gallu ateb problemau. Ar ôl 300 o flynyddoedd daeth pobl Gogledd Iwerddon i'r un canlyniad, ac mae'n rhaid i ninnau fel pobl Crist fod yn barod i hysbysebu hyn ym mhob man.

Yn Mathew 6, gwelwn Iesu yn cyfeirio at y rhyddid y mae pawb wedi ei dderbyn; gallant fynd ar ôl cyfoeth a phethau materol, neu a'r ôl Duw a'r pethau ysbrydol. Ond yn ôl Iesu, ni allwn ddilyn y ddau lwybr ar yr un pryd. Dywedodd bod yn rhaid i bawb benderfynu eu blaenoriaethau. I'r rhai sy'n dewis Duw yn gyntaf, dywedodd y bydd ein Tad yn gwybod ein hanghenion, a bydd yn ymateb iddynt, a dylwn boeni llai am y dyfodol felly.

Ym mhennod 7, mae Iesu'n rhoi'r gorchymyn i ni beidio â bod yn hallt ein condemniad o'n cymdogion, ac i fod yn fwy gofalus o'r sawl yr ydym yn cymdeithasu â nhw. Dywedodd hefyd am y pwysigrwydd o fod yn weddigar bob amser.

Neges arall o'r darlleniad yw y dylem ofalu am eraill fel y dymunwn innau i eraill ofalu amdanom ni, a byddwn yn fwy tebygol o ddilyn llwybr at y bywyd tragwyddol. Ond, gofalwn, oherwydd mae yna bobl sy'n barod i'n twyllo a nhw yw'r 'coed drwg'.

Hefyd, mae'n rhaid cofio i beidio â thwyllo ein hunain, oherwydd nid yw defnyddio geiriau yn ddigon yn ei hun. Yr unig beth saff i'w wneud yw ymddiried ynddo a gwneud yr hyn y mae Iesu yn ein hyfforddi i'w wneud. Yn y ddysgeidiaeth a gaiff ei thrafod yn y darn a ddarllenwyd, yr hyn sy'n aros yng nghof y gwrandawyr yw bod Iesu'n siarad gydag awdurdod. Nid oeddent wedi clywed unrhyw un arall yn pregethu fel hyn o'r blaen, ac nid ydym ninnau wedi clywed gwell chwaith.

Trafodaeth:

❖ Beth yw eich profiad chi o drafferthion yn yr ardd? A ydych chi wedi profi'r un problemau ag y mae Iesu yn sôn amdanynt?

❖ A oes yna broblemau sy'n achosi pryder i chi fel eglwys yn eich cymuned leol?

❖ A yw llais yr eglwysi (neu'r enwadau) yn ddigon llafar ynglyn â sut i ddatrys ein problemau cymdeithasol?

❖ A yw'n bosib i chi ail ysgrifennu'r darn bychan yma mewn geiriau a fyddai'n ddealladwy i bobl ifanc heddiw? Gallwch ddefnyddio enghreifftiau cyfoes.

6. Cynhaeaf mawr

Y mae'r cynhaeaf yn fawr ond y gweithwyr yn brin. (Mathew 9:37)

Darlleniad: Mathew 9:18-38.

Myfyrdod:
Erbyn hyn, rydym wedi cyrraedd y cyfnod a elwir yn 'Diolchgarwch'. Mae yna wahanol draddodiadau ar sut a phryd i ddathlu 'Diolchgarwch' yn ein heglwysi. Nid yw pob traddodiad yr un peth, ond dynodir bod yna elfennau gwerthfawr ymhob traddodiad y dylid sylwi arnynt.

Ym myd amaethyddiaeth yma yng Nghymru ac yn y Dwyrain Canol, dyma'r cyfnod pan fo angen paratoi at y gaeaf. Felly am y ddwy wers nesaf byddwn yn edrych ar y cyfnod arbennig hwn, a'i effaith ar ein bywyd dyddiol ac ysbrydol.

Yn yr Hydref, rydym ninnau yma yn y gorllewin yn atgoffa ein hunain o'r cynhaeaf traddodiadol, pan fo ffermwyr wedi cael eu ŷd a'u cnydau i mewn am y gaeaf; i'n bwydo ninnau a'n hanifeiliaid hyd y flwyddyn nesaf. Yn ystod yr hanner canrif ddiwethaf, rydym wedi gweld gwahaniaeth mawr yn y ffordd y mae ffermwyr yn gweithio.

Heddiw, mae peiriannau soffistigedig wedi cymryd lle y traddodiad o ddefnyddio llawer o bobl i wneud y gwaith. Un nodwedd bwysig o'r newidiadau hyn yw'r effaith ar y gymuned amaethyddol leol. Er bod y peiriannau'n gwneud y gwaith yn llawer mwy hwylus, ac yn llawer haws mae'r cymdeithasu a fu'n rhan o waith y gorffennol wedi diflannu. Am ganrifoedd lawer, roedd y cynhaeaf ym mhob ardal yn digwydd gyda chydweithrediad llawer o bobl o wahanol ffermydd, a phobl leol.

Roedd y teimlad o fod yn rhan o broses, a chydweithio â'n gilydd yn bwysig iawn i'r gymuned eglwysig hefyd. Yn aml, byddai'r arferiad lleol o drefnu pobl a pheiriannau i dorri gwair, 'belio', tynnu a pharatoi llysiau, a holl weithgareddau'r cynhaeaf yn digwydd mewn cyfarfodydd anffurfiol yn dilyn yr oedfa foreol yn rhai o'n heglwysi ni yng nghefn gwlad.

Mewn ffordd, fel ag y mae pethau wedi newid yn y gymdeithas drefol, mae'r un peth wedi digwydd yn y wlad. Rydym yn dibynnu'n fawr ar dechnoleg, peirianwaith a datblygiadau economaidd ar raddfa fawr, (e.e. fel mae'r archfarchnadoedd wedi cymryd drosodd gan y siop leol a'r swyddfa bost). Er bod pethau'n rhatach i raddau ac yn fwy cyfleus yno, mae ein teimlad o fod yn gymdeithas sy'n cydweithio a chydgwrdd â'n gilydd, wedi dirywio'n arw.

Yn ein heglwysi, down at ein gilydd i *ddiolch am y cynhaeaf* ac i *ddiolch i Dduw am ein cynnal* yn ystod y flwyddyn. Yn draddodiadol, yng nghefn gwlad, byddem hefyd yn diolch am y rhai sy'n gweithio'r tir a'i feithrin ac yn paratoi'r cnydau drwy'r tymor. Felly, mae'n addas i ni ddiolch unwaith eto am i ni gael ein cynnal mor dda o hyd, yn enwedig wrth i ni gofio am y rhai ar draws y byd lle mae eu cnydau a'u cynhaeaf wedi methu. Cofiwn, gyda phryder, nad yw pawb o blant Duw'n cael yr un fraint â ni. Er bod llawer ohonom yn teimlo nad oes gennym lawer o arian a phethau newydd yn ein tai, rydym yn gallu cael bwyd drwy'r amser oherwydd bod ein gwlad yn ddigon sefydlog yn economaidd ac yn amaethyddol.

Wrth i ni ddiolch am ein cynhaeaf, meddyliwn am y miliynau ar draws y byd nad oes digon ganddynt, neu nad yw'r drefn yn gadael i'r adnoddau gael eu rhannu'n deg i bawb. Mewn rhai gwledydd sylweddolwn fod y cnydau wedi methu a bod yr anifeiliaid yn cael trafferth i fyw'n iach, oherwydd newyn, syched a phwerau natur. Problem arall gyfoes yw llygredd a gwenwyno'r tir i atal pethau rhag tyfu, neu llosgi'r cnydau oherwydd rhyfeloedd cartref. Dywedir mai ond ugain y cant o gynhaeaf gwlad fawr Brasil sy'n llwyddo oherwydd y tir a'r tywydd.

Pan fyddwn yn dathlu 'Swper yr Arglwydd' yn ein ffyrdd arferol, dibynnwn ar ddwy elfen sy'n dod o gynnyrch amaethyddol; sef 'bara' o'r gwenith a'r 'gwin' o'r winwydden. Y ddau beth wedi eu paratoi, eu plannu, eu meithrin ac wedi eu cynaeafu cyn cael eu prosesu i fod yn fara a gwin i ninnau eu defnyddio er cof am Iesu.

Wrth feddwl am Iesu a'i waith yn ein plith, rydym yn cael ein hatgoffa gan Mathew pa mor bwysig yw i ni gyd fod yn rhan o'r gwaith mawr yma o ddangos i eraill y pwysigrwydd o ddatblygu fel Cristnogion. Hefyd, mae'n cyfeirio at y ddyletswydd i ledu'r neges o obaith i'r rhai sydd yn ei geisio.

Yn Adnod 38, gwelwn Iesu yn cyhoeddi bod y cynhaeaf yn fawr. Mae wedi lledu dros y byd i gyd erbyn heddiw, ac yn ymestyn i bob cenedl. Ond dywedodd hefyd bod yna brinder o weithwyr i'r cynhaeaf.

Yn ein cymunedau modern, mecanyddol, arch-farchnadol, mae llawer o'n plant wedi colli golwg ar sut y mae amaethyddiaeth a garddwriaeth yn gweithio. Yn aml, maent ond yn gweld y cynnyrch wedi ei bacio mewn plastig, gyda label 'defnyddir-cyn' rhyw ddyddiad arbennig arno. Am nad ydynt yn rhan o'r broses gyfan, ni wyddant beth sy'n digwydd. O ganlyniad i'n marchnata drwy'r flwyddyn, cawn fwydydd o wledydd tramor sy'n dileu'r syniad o gadw pethau at y gaeaf a'r flwyddyn newydd.

Mae'n rhaid i ni gofio bod y broses o greu bwydydd yn un hir a chymhleth. Rhaid cael tir a'u paratoi drwy aredig a phlannu'r cnwd a rhoi maeth iddynt. Rhaid eu dyfrio a'u chwynnu, a sicrhau tymheredd, glaw a thywydd cywir i dyfiant, a phan fydd yn barod mae angen eu medi neu'u cynaeafu.

Yn yr un modd, mae'n rhaid i ni gynorthwyo Iesu, i baratoi ei dir ac i feithrin ei blanhigion iddynt gael tyfu ac aeddfedu. Byddant felly yn cynorthwyo i gynnal bywydau newydd; bywydau sy'n eiddgar i ddarganfod y ffordd tuag at ei deyrnas nefol. Bywydau sy'n chwilio am gyfleoedd newydd i fyw mewn heddwch a thangnefedd, gan ddiolch i Dduw ein Tad, am ein cynhaliaeth.

Yn un o ysgolion uwchradd Gogledd Cymru, gwelir yr arwyddair 'Hau i Fedi' ar siwmperi a chrysau'r plant. Arwyddair sy'n cyfeirio mai o'r had y daw'r blaguryn, ac o'r blaguryn y daw'r planhigion sy'n aeddfedi.

Yn ein myfyrdod, diolchwn i Dduw ein Tad, am iddo trwy ei Fab annwyl ein cynnal a'n meithrin fel ei blant, ac iddo fedi ei gynhaeaf. Ond, mae yna lawer o waith eto i'w wneud.

Wrth i ni fod yn gnwd sydd wedi ei fedi'n barod, mae'n angenrheidiol ein bod ni'n paratoi'r tir ac yn hau'r hadau newydd i'r rhai sydd am fod yn rhan o'r cynhaeaf nesaf. Yn ein gweddïau, gofynnwn ar ein Harglwydd i ddanfon mwy o gymorth i ni ac ar i, "...Arglwydd y cynhaeaf anfon gweithwyr i'w gynhaeaf" (Adnod 38).

Byth ni phaid dy drugareddau,
a'th ddaioni sydd yr un;
pwy all gofio dy holl ddoniau
ac amgyffred dyled dyn?
Am i ti, Gynhaliwr grasol,
gofio amdanom, lwch y llawr,
plygwn heddiw'n edifeiriol
ger dy fron, O Arglwydd mawr.

[CFf 95. D.Gwyn Evans]

Trafodaeth:

❖ Pa mor bwysig yw'r cynhaeaf yn eich ardal chi heddiw?

❖ Sut y gallwn ni, unwaith eto, gael ein cymunedau i fynegi ein diolch am y cynhaeaf, pan nad yw'r bobl yn gweld y gwaith yn cael ei wneud?

❖ Pe baem yn defnyddio arwyddair yr ysgol a nodwyd uchod, sef 'Hau i Fedi', sut gallwn ei ddefnyddio mewn sefyllfa Ysgol Sul yn ein heglwysi heddiw?

❖ Mae yna brinder o weithwyr i'r cynhaeaf o hyd. Sut fedrwch chi wneud rhywbeth i wella'r sefyllfa?

7. Diolchgarwch

Gwnaeth ysguboriau i'r cynhaeaf gwenith. (2 Cronicl 32:28)

Darlleniad: 2 Cronicl 32:24-33.

Myfyrdod:
Yn yr ail wers sy'n ymwneud â'r cynhaeaf, edrychwn ar gofnodion hanesyddol o'r Hen Destament. Cofnodion yw'r rhain sy'n dangos llwyddiant un o'r brenhinoedd, a hefyd y trafferthion a ddaw ambell dro o or-lwyddo.

Tybier bod y brenin Heseceia wedi bod yn gyd-frenin o 729 CC pan fu farw Ahas ei dad, ac yn frenin o tua 716-687 CC. Ar ôl dod yn frenin, gwnaeth Heseceia tri pheth pwysig:

1 Yn gyntaf, trefnodd i ail agor ac atgyweirio'r deml yn Jerwsalem;
2 Yn ail, trefnwyd ymgyrch wladol i ddinistrio pob math o eilun addoliad;
3 Yn drydydd, aeth yn erbyn yr Asyriaid o'r gogledd a gwrthod talu eu trethi.

Yn ystod y cyfnod yma, bu i'r frenhiniaeth ogleddol (Israel) gael ei orchfygu gan yr Asyriaid, a sylweddolodd Heseceia fod ei frenhiniaeth yn y de (Jwda) yn cael ei fygwth hefyd. Felly, trwy ddefnyddio ei beirianwyr a'i wybodaeth leol, trefnodd y gwaith o dorri twnel newydd i sicrhau cyflenwad dŵr i Jerwsalem mewn cyfnod o argyfwng, "Heseceia oedd yr un a gaeodd darddiad uchaf dyfroedd Gihon, a'u cyfeirio at lawr tua'r gorllewin i Ddinas Dafydd," (Adnod 30). Bu i'r gwaith yma fod o werth mawr i'r ddinas yn y cyfnod rhyfelgar hwn. Twnel tua 620 medr o hyd a dorrwyd trwy'r graig i ddod â'r dŵr i'r ddinas. Yn 1880, darganfuwyd arysgrif ym Mhwll Siloam sy'n cofnodi'r gwaith gwreiddiol, ac mae'r twnel a'r dŵr yn dod trwyddo o hyd.

Yn hanesyddol, bu i fyddin y brenin Senacherib o Asyria ddal sawl un o drefi Jwda yn ystod amser Heseceia, a bu iddynt amgylchynu dinas Jerwsalem tua 705-702 CC. Yn ffodus iawn, achubwyd Jwda, oherwydd bu farw byddin Asyria yn ddisymwth yn ôl y traddodiad. Tybier rhai eu bod wedi eu gwenwyno neu iddynt ddal haint drwg.

Yn fuan iawn ar ôl i hyn ddigwydd, bu Heseceia ei hun yn wael iawn am gyfnod, ac mae'n bosib bod rhywbeth tebyg i *Typhoid* neu *Typhus* wedi lledu yn yr ardal. Yn ôl yr adroddiad, bu i Dduw roi cymorth i Heseceia ac atebwyd ei weddi, a chafodd fyw am 15 mlynedd yn ychwanegol, (gweler hefyd 2 Brenhinoedd 18-20, 2 Cronicl 29-32 ac Eseia 36-39).

Dywed un awdur bod Heseceia wedi bod yn un o'r brenhinoedd mwyaf amlwg yn Jwda, ac yn gyfoeswr â'r proffwyd Eseia. Roedd yn frenin pŵerus iawn yn ei gyfnod, dyn cryf yn feddyliol a chorfforol. Yn 2 Brenhinoedd 18, gwelwn hanes yn ail adrodd y stori bod Asyria wedi trio gwneud i bobl Jwda ildio iddynt, ond ofer oedd eu hymdrech. Er i Senacherib ddweud wrth bobl Jwda i beidio â gwrando ar Heseceia, na dibynnu ar ei Arglwydd, digwyddodd yr un peth unwaith eto yn ddiweddarach, ond y tro yma, "aeth angel yr Arglwydd allan a tharo yng ngwersyll Asyria gant a phedwar ugain a phump o filoedd; pan ddaeth y bore cafwyd hwy i gyd yn gelanedd meirwon," (2 Brenhinoedd 19:35). Ar ôl hyn, aeth Senacherib yn ôl i'w wlad ond cafodd ei lofruddio gan ddau o'i feibion.

Cawn yn y storïau hyn sôn am frenin cryf a oedd wedi gofalu am ei bobl. Ond hefyd, roedd yn frenin a oedd wedi ehangu ei gyfoeth yn ystod ei deyrnasiad. Un o'r pethau nodweddiadol amdano oedd y ffaith ei fod yn *paratoi* am unrhyw amgylchiad. Gellir gweld tair agwedd i'r paratoadau hyn:

Yn gyntaf, *mae'n paratoi ei bobl* wrth fynd yn ôl i addoli'r gwir Dduw, a gwneud i ffwrdd ag eilun addoliad. Yn yr hanesion, sylweddolwn bod hyd yn oed y brenin Heseceia wedi ei syfrdanu gan bŵer a gallu'r Arglwydd. Cyfaddefodd ei wendid o flaen yr Arglwydd. Wrth iddo ddioddef o'i salwch, gweddïodd ar yr Arglwydd, ac ar ôl cyfnod, cyffesodd ei falchder a bu'r Arglwydd yn drugarog wrtho a'i bobl, gweler 2 Cronicl 32:26, "Yna, edifarhaodd Heseceia am ei falchder, a phobl Jerwsalem gydag ef, ac ni ddaeth llid yr Arglwydd arnynt wedyn yng nghyfnod Heseceia."

Yn ail, Mae Heseceia *yn paratoi ei ddinas frenhinol rhag unrhyw rwystrau yn y dyfodol.* Drwy ddefnyddio rhywfaint o'i gyfoeth mawr maent yn adeiladu ysguboriau i'r cynhaeaf (i'r gwenith, gwin ac olew), ac yn creu stablau a chorlannau i'w hanifeiliaid. Gwelwn yma eu bod wedi gorffen bod yn llwythi ymfudol (nomadiaid) ac wedi sefydlu trefi a dinasoedd, a dechrau system ffurfiol o amaethyddiaeth barhaol. Oherwydd yr amgylchiadau rhyngwladol rhyfelgar yn y cyfnod, roedd hi'n bwysig bod ganddynt fwyd a dŵr rhag ofn i'r trefi gael eu gorchfygu gan estroniaid. Yn Adnod 29 dywedwyd, "...Adeiladodd ddinasoedd iddo'i hun, a phrynodd lawer o ddefaid a gwartheg, oherwydd rhoddodd Duw olud mawr iawn iddo." Roedd popeth wedi ei baratoi cyn y cynhaeaf, ac felly'n barod am y dyfodol ac i wrthsefyll gaeafau caled neu ymosodiad o'r tu allan.

Yn drydydd, fel y dywedwyd yn gynharach, *gwnaed ymdrech i sicrhau cyflenwad dŵr angenrheidiol i ddinas Jerwsalem*, a gwelir hyn o hyd. (Yn 1880 gwelwyd arysgrif mewn Hebraeg cynnar yn datgan, "Dyma stori'r torri drwodd o'r ddwy ochr. Ac ar ddydd y torri drwodd, cyrhaeddodd y maen-weithwyr ei gilydd, picell wrth bicell o'r ddwy ochr; ac felly rhedodd y dŵr o'r Ffynnon i Bwll Siloam".

Paratoi at unrhyw amgylchiad oedd nodwedd y brenin Heseceia, yn *Ysbrydol* ac yn *Gorfforol.* Roedd yn amlwg yn frenin cadarn ac wedi dod yn gyfoethog iawn, ac efallai iddo gamddefnyddio ei bwerau ar adegau. Ond yn hyn oll, gwelodd yr Arglwydd yn dda i'w gadw, a'i bobl, mewn cyfnod pan oedd y mwyafrif o'r brenhiniaeth gogleddol wedi eu gorchfygu.

A oes yna unrhyw negeseuon neu wersi i ni yn y storïau hyn? Tybiwn bod.

Mae'n bwysig iawn i ninnau heddiw i baratoi am ein dyfodol.

Wrth i'r cynhaeaf ddyfod i ben yn ein hardaloedd, gwelwn yr ysguboriau yn llenwi o hyd. Felly, bydd gennym ddigon i'w fwyta yn ystod y misoedd sydd i ddod. Ond, fel yn y wers ddiwethaf, rhaid i ni gofio am broblemau bwydo pobl eraill ar draws y byd, yn enwedig lle ceir syched a newyn.

Mae'n angenrheidiol bod ein plant yn deall ac yn gwerthfawrogi'r ffaith bod gennym ni ddigon, ac i feddwl am y rhai llai breintiedig ar draws y byd.

Diolchwn fod Heseceia wedi llwyddo, ac o hyn, wedi galluogi i hanes yr Iddewon ddatblygu hyd gyfnod Crist.

Er ein bod ni'n ymfalchïo yn yr ysguboriau llawn (gan gynnwys heddiw ein dibyniaeth ar yr archfarchnadoedd enfawr ar draws y wlad), sylweddolwn fod Mathew a Luc yn ein hatgoffa o'r geiriau a welir yn wreiddiol yn Deuteronomium 8:3, "nad ar fara yn unig y bydd rhywun fyw, ond ar bopeth sy'n dod o enau'r Arglwydd."

Mae'n hawdd iawn i ni gael ein temtio i chwilio am atebion hawdd, ond mae'n llawer gwell i ni roi ein hymddiriedaeth yn yr Arglwydd, fel y gwnaeth Heseceia. Ymddiriedwn yng ngeiriau Iesu a atebodd y diafol yn ei demtiad, "...oherwydd y mae'n ysgrifenedig: 'Yr Arglwydd dy Dduw ac addoli, ac ef yn unig a wasanaethi'," (Mathew 4:10).

Yng nghyfnod 'Diolchgarwch', offrymwn weddi o ddiolch ar i Dduw ein bendithio â nerth a gallu i wneud yn well ac i newid y byd. O fan lle y mae pobl yn dioddef tra bo eraill yn edmygu eu trysorau, i le y gall pawb helpu ei gilydd a chreu byd gwell, lle byddwn i gyd yn adnabod cariad Duw ac yn rhodio llwybrau Iesu.

Holl angen dyn, tydi a'i gwyr,
d'Efengyl a'i diwalla'n llwyr;
nid digon popeth hebot ti:
bara ein bywyd, cynnal ni.
[CFf 816. Tudor Davies]

Trafodaeth:

❖ Pam fod Heseceia wedi troi'n ôl at Dduw?

❖ Pe na byddai Heseceia wedi gwneud yr holl baratoadau tuag at y cynhaeaf, beth fyddai wedi digwydd pan ddaeth y fyddin o Asyria i amgylchynu Jerwsalem? Beth fyddai ei effaith arnom ninnau heddiw?

❖ Sut allwn ni baratoi yn well at y cynhaeaf ysbrydol?

❖ Mewn dim mwy na pedair brawddeg, disgrifiwch effaith Heseceia'n edifarhau am ei falchder.

8. Popeth yn newid - y gweddnewidiad

Daeth Iesu atynt a chyffwrdd â hwy gan ddweud, "Codwch, a pheidiwch ag ofni". (Mathew 17:7)

Darlleniad: Mathew 17: 1-13.

Myfyrdod:
Erbyn hyn, rydym wedi ceisio edrych ar anghenion yr unigolyn i ganfod ffydd, neu ymrwymo i ddod yn ôl at ffydd. Yn y wers yma, edrychwn ar agwedd arbennig sy'n ymwneud â Iesu ei hun, a'r effaith a gafodd ar ei ddisgyblion agosaf. Stori yw hi am ddigwyddiad nad yw'n bosib rhoi esboniad gwyddonol iddi; ond eto, mae'r stori yn drawiadol am sawl rheswm.

Gwelwn yn y stori fod Iesu wedi mynd i ryw le uchel, a chyfeirir ym Marc 9:2, bod Iesu wedi cymryd Pedr ac Iago a mynd â hwy o'r neilltu, ar eu pennau eu hunain. Felly, dim ond y tri ohonynt a aeth yno. Yn Mathew, dywedir bod Ioan (brawd Iago) yno hefyd. Tybia rhai mai i fynydd Hermon yr aethant, ac os felly, mae hwn dros 9,000 o droedfeddi o uchder, a thua 12 milltir i'r gogledd ddwyrain o Gesarea Philipi, ac i'r gogledd o Fôr Galilea.

Heddiw, mae mynydd Hermon yn rhan o'r ffin rhwng gwledydd Israel a Syria, ardaloedd lle bu brwydro mawr yn ystod y ganrif ddiwethaf. Mae Damascus, prifddinas Syria yn agos i ochr ddwyreiniol y mynydd, (edrychwch ar y mapiau yn eich Beiblau). Lle oeraidd ac anghysbell oedd yr ardal, yn debycach o ran uchder i'r Alpau yn Ewrop, a thair gwaith yn uwch na'r Wyddfa a mynyddoedd Eryri.

Ar ôl dechrau dilyn Iesu, sylweddola rhai o'r disgyblion bod y gŵr ifanc hwn yn llawer mwy na *pregethwr*, neu *athro Iddewig oedd yn cyhoeddi Teyrnas Nefoedd*. Er ein bod yn ansicr o pa bryd yn union y digwyddodd y *gweddnewidiad*, tybir ei fod yn y cyfnod pan oedd Pedr yn dechrau gofyn ai Iesu yw'r Meseia (y Crist, yr un a oedd wedi ei gofnodi yn yr hen ysgrythurau, a'i hysbysu yn llyfrau'r proffwydi).

Mae'n debyg i hyn ddigwydd yn ystod trobwynt ym mywyd Iesu. Gwelwn yn yr adroddiadau ei fod bellach yn hysbysu ei ddisgyblion bod yn rhaid iddo farw a chael ei atgyfodi. Pe baem yn edrych yn ôl un bennod, gwelwn gofnod am hyn yn Mathew 16:21, "O'r amser hwnnw y dechreuodd Iesu ddangos i'w ddisgyblion fod yn rhaid iddo fynd i Jerwsalem, a dioddef llawer, a'i ladd, a'r trydydd dydd ei gyfodi."

Ar y mynydd, gyda'r ddau (neu dri) disgybl, digwydda ddigwyddiad rhyfedd. Mae'n ddigwyddiad sy'n cael ei gyfeirio ato fel un a 'ddangosodd Ogoniant Crist' i'w ddilynwyr. Digwyddiad o gysur hefyd, gan feddwl beth fyddai'n digwydd yn y dyfodol i'w hathro.

Digwyddodd rhywbeth i gorff Iesu, ac mae'n edrych yn wahanol i'r arfer. Yn eu cymdeithas ar y mynydd, dywedir bod Iesu'n disgleirio, "...a disgleiriodd ei wyneb fel yr haul, ac aeth ei ddillad yn wyn fel y goleuni," Mathew 17:2. Mae hwn yn ddisgrifiad go glir, ac yn debyg iawn i'r rhai ym Marc 9 a Luc 9. Disgrifiad o rywbeth tu hwnt i'n gwybodaeth am wyddoniaeth; ac yn amlwg i'r rhai oedd yn edrych arno yn gadarnhâd i Iesu ddod o Dduw.

I wneud pethau'n rhyfeddach fyth, mae Moses ac Elias hefyd yn ymddangos ac yn dechrau siarad â Iesu. Mae'r disgyblion yn rhyfeddu ac eisiau cofnodi'r digwyddiad arbennig hwn drwy godi tair pabell iddynt. Efallai bod Pedr am i'r digwyddiad barhau am gyfnod hwy wrth adeiladu'r pebyll, ac yn gobeithio y byddai'r tri pherson arbennig yma'n aros hefyd. Ai adeiladu Tabernacl y maent am ei wneud, fel ag yn yr Hen Destament, pan gyfeirir at gofnodi presenoldeb Duw yn eu plith?

Beth bynnag oedd arwyddocâd y digwyddiad, mae'n un sy'n aros yng nghof Pedr trwy gydol ei oes. Roedd yn ddigwyddiad arbennig, mewn cyfnod arbennig. Mewn ffordd, dangosa hyn bod Duw, nid yn unig wedi cysylltu â Iesu, ond ei fod Ef yn hapus i'r disgyblion hyn fod yn bresennol hefyd. Mewn emyn gan Myfyr Hefin, gwelwn y geiriau, "Ar y mynydd gyda Duw, O! mor ogoneddus yw",(yn anffodus, nid yw'r emyn yma yng Nghaneuon Ffydd).

Wedyn, yn Adnod 5, cyfeirir at gwmwl golau wedi 'cysgodi drostynt' a llais o'r cwmwl yn cyhoeddi, "Hwn yw fy Mab, yr Anwylyd; ynddo ef yr wyf yn ymhyfrydu; gwrandewch arno." Geiriau tebyg iawn i'r rhai a nodir ar ôl bedyddio Iesu (ym Marc 1:11), a daw geiriau gwreiddiol tebyg o Lyfr y Proffwyd Eseia 42:1.

Ar ôl clywed hyn, mae'r disgyblion yn disgyn ar eu hwynebau mewn ofn, oherwydd bod Duw ei hun yn siarad â nhw. Sylwch ar y geiriau olaf, "gwrandewch arno"; Duw ei hun yn dweud wrthynt am fod yn ddilynwyr ac yn ddisgyblion i Iesu.

Er nad yw wedi'i gynnwys yng Nghaneuon Ffydd, mae emyn J. Gwili Jones yn datgelu'r ofn a'r mawredd a brofodd y disgyblion yn y profiad hwn:

Arglwydd grasol, nertha'n ffydd,
pan dywyllo ganol dydd;
Ofn y cwmwl arnom sydd:
Llewyrcha arnom ni.

Os cawn olwg ar dy wedd,
daw i'n mynwes ffrwd o hedd;
Ac nid ofnwn fyd na bedd:
Llewyrcha arnom ni.

Daeth Iesu atynt, a'u cyffwrdd, a dywedodd, "Codwch, a pheidiwch ofni," (Adnod 7), ac wedyn mae popeth arall yn diflannu o'i llygaid! Mae'r stori hon yn un hollol wahanol, ac eto mae yna dri o lygad-dystion i'r digwyddiad. Daeth y rhif tri i fod yn rif allweddol mewn nifer o ddigwyddiadau eraill yn y blynyddoedd wedi hynny, gan gynnwys y croeshoeliad a'r atgyfodiad.

Gwelwn stori wahanol yn Llyfr Actau'r Apostolion 9:3-4, sef tröedigaeth Saul, a chyfeirir yma hefyd at olau'n fflachio o'r nef. Wrth edrych ar y disgrifiad o leoliad y digwyddiad hwn, sef yn y mynyddoedd gerllaw Damascus, gwelwn ei fod yn agos iawn i'r ardal lle y gweddnewidiodd Iesu ei hun.

Cafodd y tri disgybl a Saul/Paul weledigaeth arbennig o Iesu, rhywle yng ngogledd ddwyrain Mynydd Hermon, ar y ffordd i Ddamascus. Sylweddolwn y berthynas arbennig sydd rhyngddynt â Iesu Grist, Meseia'r Hen Destament. Ac fel T.R. Jones (CFf 13), diolchwn "am dy addewid rasol di, i fod ymhlith y ddau neu dri".

Wrth i ni ddod ynghyd i addoli, gallwn gryfhau ein ffydd oherwydd nad ydym ar ein pennau ein hunain bellach, ond yn hytrach, wedi ein cadarnhau yn rhan o deulu Duw. Diolchwn i Dduw felly am y neges o obaith, y neges o gysur, a'r neges o gariad a ddaeth yn Iesu Grist. Dywedir yn Ioan 14:9, "Y mae'r sawl sydd wedi fy ngweld i wedi gweld y Tad."

Yma'n hedd y mynydd sanctaidd,
Iesu annwyl, wele ni,
gad i'th weision weld o'r newydd
fawredd dy ogoniant di.
[CFf 621. cyf. Nicander]

Trafodaeth:

❖ Pam nad aeth Iesu â phob un o'r disgyblion gydag ef i'r mynydd? Pam dau neu dri yn unig?

❖ Beth oedd arwyddocâd presenoldeb Moses ac Elias yn y digwyddiad?

❖ A oes yna enghreifftiau eraill o ddigwyddiadau tebyg yn y Beibl?

❖ Sut fyddech chi wedi ymateb pe baech yn un o'r disgyblion hyn?

9. Bywyd:

......yr ydym bob amser yn llawn hyder,.....
(2 Corinthiaid 5:6)

Darlleniad: 2 Corinthiaid 5: 1-10.

Myfyrdod:
Yn y wers hon trown at Paul ac un o'i lythyrau, sef yr ail lythyr i'r Corinthiaid. Mae'r llythyr hwn yn ymwneud â byw trwy ffydd. Fel y gwyddoch rwy'n siŵr, roedd Paul yn ymddangos yn berson prysur a brwdfrydig iawn. Roedd am i bawb ddod i adnabod Iesu ac i gynorthwyo i ddatblygu'r eglwys gynnar ar draws yr hen fyd. Efallai, ar brydiau, iddo ymddangos braidd yn fyr ei amynedd â rhai o'r eglwysi, yn ôl ei lythyrau. Er enghraifft, roedd wedi ymweld â Chorinth yn barod, ac yn ei lythyr cyntaf yn poeni am gyflwr yr eglwysi a'u haelodau.

Erbyn yr ail lythyr, mae'n ymddangos fod Paul wedi aeddfedu yn y ffordd y mae'n ymddwyn a chyfathrebu, ac mae ei eiriau'n gynhesach a mwy calonogol. Efallai hefyd, wrth iddo ddefnyddio Groeg ffurfiol yn ei lythyr, bod rhywfaint o'i deimladau wedi eu cam-ddehongli neu eu cam-gyfieithu.

Mae Corinth y Testament Newydd heddiw yn adfeilion ac yn amgueddfa agored i gyfnod yr Ymerodraeth Rufeinig, a gelwir y safle yn Acro-Corinth (neu Hen Gorinth). Tref neu ddinas ydoedd yng nghanol yr Ymerodraeth, yn llythrennol ar y groesffordd rhwng y gorllewin a'r dwyrain. Lle cosmopolitan, yn llawn o draddodiadau, ieithoedd a lliw croen gwahanol.

Roedd y dref yn ganolfan masnach, a hefyd roedd yno sawl ffordd o addoli paganaidd o'r hen oesoedd. Yn ei chanol, roedd yr eglwys ifanc a fu'n cysylltu â Paul a'i gyfeillion. Lle oedd hwn a oedd yn llawn o anfoesoldeb a phroblemau, a man lle y bu Paul yn ceisio rhoi cyfarwyddyd ar sut i ddatblygu'r eglwys.

Un o'r nodweddion pwysicaf a ddaeth o'r llythyr yw 'sut y gall unigolyn *fyw trwy ffydd.'* Efallai y byddai'n fuddiol i ni edrych ar y tri gair ar wahân.

Yn gyntaf, BYW neu BYWYD:

Os ydym yn cytuno, byddwn yn cyhoeddi ein bod wedi ein creu gan Dduw fel pobl, ac wedi ein geni i'r byd fel babanod, heb fai. (Ni awn ar ôl y syniad o bechod gwreiddiol yn y wers hon, a gwnawn ymdrech i gadw ein syniadau'n syml). Pa bynnag ffordd yr ydym yn meddwl am bechod, mae'n wir i ddweud wrth i ni dyfu y down ar ei draws yn aml a chael ein dylanwadu ganddo.

Mae hyn yn gwbl wir pan ydym yn blant, pan fyddwn yn hunanol ar brydiau. Gwelwn blant yn chwarae gemau pêl, a phan fyddwn yn colli o bryd i'w gilydd, awn adref a mynd â'r bêl gyda ni! Oherwydd hyn, ni all neb arall chwarae. Felly, y neges yn syml yw, dylem ddysgu sut i chwarae (neu fyw yn gytûn) gyda'n gilydd - hyd yn oed pan nad yw rhywun neu rywbeth yn iawn.

Mae'r wers syml hon yn holl bwysig wrth i ni dyfu i fyny, oherwydd mae'n debygol iawn y byddwn yn dod ar draws amgylchiadau annymunol ac anffafriol yn ystod ein hoes.

Mae'n rhaid i ni sylweddoli hefyd am y pwysigrwydd o allu cael 'bywyd yng Nghrist'. Mae llawer ohonom wedi clywed y dywediad, ond sawl un ohonom sy'n rhoi ein bywyd yn gyfangwbl i Grist i'w ddatblygu? Mae llawer o bobl yn ofni'r ymrwymiad a olyga hyn.

Yn ail, y gair TRWY:

Dyma air 'od' meddech chi. Trwy beth? Mae ystyr y gair '*through*' yn Saesneg yn newid ac yn dibynnu ar rywun neu rywbeth i wneud yn iawn. Er enghraifft, gallwn ddefnyddio'r term 'trwy ewyllys Duw'. Mae hyn yn ffurfiol, yn awdurdodol ac yn cyfleu perthynas â'r Goruchaf.

Ond hefyd, gallwn ddefnyddio'r gair i ddisgrifio sut rydym yn symud o un ochr rhywbeth i'r ochr arall, fel 'trwy'r afon' neu 'trwy'r ardd', neu sut rydym yn gweld rhywbeth, sef 'trwy'r ffenestr'. I ninnau fel Cristnogion, mae'n cyfeirio hefyd at fynd o un math o fywyd i fywyd newydd yng Nghrist. Er enghraifft, gwelwn y newidiad mawr yn Saul a oedd yn un o brif elynion y Cristion (*Pobl y Ffordd*) i fod yn un o'u prif ddilynwyr fel Paul.

Efallai y gallai feddwl hefyd bod yn rhaid i ninnau (pobl y byd) gael rhyw ffordd neu ddyfais i'n harwain tuag at Dduw. Yn ôl Paul, dim ond Crist sy'n gallu gwneud hyn, ac yn Ioan 14:6, gwelwn yn glir ei fod Ef wedi cyhoeddi hyn yn barod: "Myfi yw'r ffordd a'r gwirionedd a'r bywyd. Nid yw neb yn dod at y Tad ond trwof fi."

Felly, gwyddom fod yna ffordd newydd i ni gyd wrth newid ein bywydau'n hollol a throi at Iesu i ofyn a gawn ni ei ddilyn tuag at ein Tad Nefol.

Y trydydd gair yw FFYDD:
Dyma'r un mwyaf adnabyddus i'r mwyafrif ohonom. 'Rhaid i ni ollwng yn hollol i freichiau'r Iesu,' dywedodd un awdur Saesneg. Fel plant, rydym yn ymddiried yn llwyr yn ein rhieni neu'n gwarcheidwaid. Fel rhiant, rwy'n cofio'n dda sut yr oedd ein mab pan oedd yn fychan, yn neidio o'r soffa i'm mreichiau ac yn ymddiried bob tro y byddwn yn ei ddal.

Yn awr, wedi i ni droi oddi wrth bethau plentynnaidd tuag at bethau'r byd, mae'n rhaid i ni ymddiried yn yr Arglwydd Iesu i ddangos y ffordd i ni ar hyd ein taith ar lwybr bywyd. Heb ffydd llawn (100% a dim llai), ni allwn fod yn ddisgyblion teilwng iddo a'i ganlyn. Ffydd felly yn 'yr Iesu atgyfodedig', –yr un a brynodd ein rhyddid a'n hiachawdwriaeth ar y Groes –, yr un a atgyfodwyd i fywyd tragwyddol i fod yn Arglwydd ac yn frenin arnom.

Gwyddom fod "gennym adeilad oddi wrth Dduw" (2 Corinthiaid 5:1):
Wrth edrych ar ein capel neu'n heglwys, gwelwn bod yr adeilad wedi ei adeiladu o gerrig a mortar, briciau a sment, pren a tho sinc, neu hyd yn oed concrit. Ond adeilad bydol yn unig yw hwn. Mae gwir eglwys Duw ynom ni fel teulu sy'n uffudd i'w orchmynion. Gall yr adeilad bydol ddisgyn, llosgi neu gael ei ddifrodi gan bwerau natur. Gwyddom pa mor gostus yw cynnal ein haddoldai heddiw; ond gall y gost o fod yn eglwys fod yn amhosib ei gyfrif. Mae'r eglwys yn gallu parhau, drwy i ni roi ein bywydau iddo Ef i'n hachub rhag y byd a'i demtasiynau. Fel y gwelwn yn emyn adnabyddus William Williams (Pantycelyn) CFf. 320:

> Iesu, Iesu 'rwyt ti'n ddigon,
> 'rwyt ti'n llawer mwy na'r byd;

Ac yng ngeiriau Morswyn (S.J. Griffiths), o Ynys Môn - CFf 740:

> Arglwydd Iesu, arwain f'enaid
> at y graig sydd uwch na mi,

Yn ail lythyr Paul at y Corinthiaid, cawn ninnau ddilynwyr ein Harglwydd Iesu Grist, wahoddiad i ddefnyddio ein ffydd fel eglwysi ac aelodau teulu Duw i ymgryfhau ac i dderbyn bywyd newydd. "Am hynny", medd Paul, "nid ydym yn digalonni", (2 Corinthiaid 5:1). Er ein bod yn mynd yn hŷn ac yn sylweddoli bod ein cyrff wedi arafu rywfaint, rydym hefyd wedi aeddfedu yn ein ffydd. A thrwy'r ffydd hwn, gallwn ddelio â phroblemau bywyd a'r byd.

Trwy ffydd, gallwn ddal yn dynn yn nwylo Iesu yn y sicrwydd y bydd yno i'n dal ni pan fydd pethau'n anodd.

I Dad y trugareddau i gyd
rhown foliant, holl drigolion byd;
llu'r nef moliennwch, bawb ar gân,
y Tad a'r Mab a'r Ysbryd Glân.
[CFf 15. cyf. Howel Harris]

Trafodaeth:

❖ Beth mae *ffydd* yn ei olygu i chi?

❖ Pa mor anodd yw hi i ni gadw ein ffydd heddiw? Beth sy'n achosi inni amau ar adegau?

❖ Pwy oedd yn allweddol i chi ddod i ffydd yn Iesu Grist?

❖ Edrychwch ar bennill cyntaf emyn Elfed (CFf 381), gan drafod sut mae'r emynydd yn dehongli'r gair 'bywyd' yn yr ail linell.

10. Sul y Cofio:

Byddwch yn heddychlon yn eich plith eich hunain. (1 Thesaloniaid 5:13)

Darlleniad: 1 Thesoloniaid 5:12-28.

Myfyrdod

Mae'r Sul hwn yn achosi i bobl deimlo tristwch oherwydd cyflwr y ddynoliaeth a'i rhyfelgarwch dros yr oesoedd. Er bod rhai yn dweud mai crefydd yw achos pob rhyfel, y gwir yw mai hunanoldeb sy'n achosi'r mwyafrif ohonynt. Gall hyn fod yn hunanoldeb unigol (fel yn oes y brenhinoedd a'r tywysogion); neu gall fod yn hunanoldeb gwladol, megis gwlad fawr bŵerus yn gorchfygu gwlad fechan, eiddil oherwydd bod ganddi adnoddau, mwynau prin neu olew. Neu, efallai bod y wlad a goncrwyd yn strategol bwysig i ddatblygiad y concwerwr.

Beth bynnag yw ein teimladau am ryfel ac ymladd, teimlwn mai dyletswydd y Cristion yw gwneud ei orau i beidio â defnyddio grym. Aiff eraill ymhellach a chondemnio unrhyw fath o ryfela a dewis llwybr heddwch. Yn anffodus, nid yw gwledydd rhyfelgar yn aml yn cymryd unrhyw sylw o'r fath ddatganiad, ac yn hanes y tair canrif ddiwethaf ceisiodd llawer gwlad ddweud bod Duw ar eu hochr nhw.

Ar Sul y Cofio, dylid parchu'r ffaith bod yna lawer o fechgyn a merched ifanc ein gwlad wedi marw mewn rhyfeloedd ar draws y byd, a bod ein heglwysi wedi cofnodi eu henwau oherwydd bod llawer ohonynt yn aelodau neu'n blant i'r eglwys.

Wrth i ni feddwl am y rhyfeloedd sy'n parhau ar draws y byd, gweddïwn y byddant yn dod i ben yn fuan, ac y bydd synnwyr cyffredin a chyd-drafod yn cymryd lle arfau. Ond nid rhywbeth newydd yw hyn, gwelwn yng nghanrifoedd cyntaf yr Hen Destament bod rhyfela yn ffaith anffodus o'r oes honno hefyd. Ac yn hanesyddol, roedd yna frwydro ffyrnig yn ystod cyfnod y Testament Newydd hefyd, yn enwedig ar ororau'r Ymerodraeth Rufeinig.

Mae Paul, yn ei lythyr cyntaf at y Thesaloniaid, yn eu hannog i fod yn heddychlon ymhlith ei gilydd. Ysgrifennwyd y llythyr er mwyn annog y bobl i ddatblygu eu ffydd a'u hyfforddi i ymrwymo i fywyd newydd yng Nghrist. Ardal yng ngogledd Groeg oedd Thesalonica, a bu iddi weld cyflafan byd eang unwaith eto yn 1915-16, yn ystod y Rhyfel Byd Cyntaf.

Dywedir bod Paul, Silas a Timotheus wedi ymweld â'r ardal am gyfnod byr ond yn anffodus gorfodwyd hwy i adael yn fuan oherwydd bod yr Iddewon lleol wedi eu gwrthod. Ni chlywyd mwy o'r ardal hyd nes y daeth Timotheus â newyddion da i Paul pan oedd yn Corinth (tua'r flwyddyn 50 neu 51 OC). Danfonodd Paul lythyr yn syth yn ôl atynt; ond credwn iddo gymryd dipyn o amser i gyrraedd Thesalonica. Mae rhai yn credu mai hwn o bosib oedd y llythyr cyntaf i Paul ei ddanfon, oni bai y gellid dyddio'r llythyr i'r Galatiaid yn gynharach.

Bu'r newyddion i'r Thesaloniaid wneud cymaint o gynnydd yn eu cenhadaeth leol ar ôl eu hyfforddiant byr, gryfhau ffydd bersonol Paul a'i lenwi â llawenydd. Wrth edrych ar y llythyr hwn, teimlir mai ei neges fwyaf iddynt oedd eu hannog i barhau â'u gwaith a bod yn fwy brwdfrydig fyth yn eu hymdrech. Mae yna un cwestiwn pwysig yn codi, sef 'sut yn union a pha bryd fyddai'r Arglwydd Iesu'n dychwelyd i'r byd?' Roedd hwn yn un o'r cwestiynau pwysicaf i lawer o'r Cristnogion cynnar.

Mae Paul yn eu hatgoffa o'r hyn a ddywedodd Iesu am hyn, ac yn eu hannog i beidio â thrafferthu dyfalu ynghylch y peth. Mae'n canolbwyntio ar Adnod 23, "Bydded i Dduw'r tangnefedd ei hun eich sancteiddio chwi yn gyfan gwbl, a chadw eich ysbryd a'ch enaid a'ch corff yn gwbl iach a di-fai hyd ddyfodiad ein Harglwydd Iesu Grist."

A beth am y geiriau yn Adnod 13, "...Byddwch yn heddychlon yn eich plith eich hunain..." Mae'n debyg bod yna ryw anghydfod wedi codi ymhlith yr eglwys ac wedi achosi pryder iddynt, ac i Paul. Ond beth am ehangu'r frawddeg i'r holl fyd wrth edrych ar y gair 'heddwch'? Gallwn edrych arno mewn tri cyfnod:

Heddwch yn oes y Beibl:

I fod yn onest, mae'n anodd iawn gweld heddwch sy'n parhau yn yr Hen Destament a'r Testament Newydd. Mae'r Hen Destament yn llawn rhyfeloedd a chaethiwed i'r rhai a ddewisiodd Duw. Mae'n llawn hanesion am ymladd ar draws y canoldir cyfan- yn yr Aifft, Asyria a Babilon, y gaethglud ac yn ôl i'r wlad a elwir heddiw yn Israel.

Yn y Testament Newydd, gwelwn y wlad o dan rym Rhufain, yn union fel y rhan fwyaf o Ewrop ar y pryd. Hyd yn oed yn y cyfnod hwnnw caed rhywfaint o ymladd yn lleol, ac yn y diwedd dinistriwyd y deml yn Jerwsalem hyd yn oed, oddeutu 40 o flynyddoedd ar ôl y croeshoeliad.

O'r 'Oes Dywyll' hyd ddoe:

Ar ôl i'r Ymerodraeth Rufeinig ddisgyn, a hithau bellach yn Ymerodraeth Gristnogol, gadawodd Prydain rhwng 406-410 OC. Yn y cyfnod hir hwn hyd ddoe, ni welir rhyw lawer o dystiolaeth i heddwch fodoli ar draws Ewrop a'r Dwyrain Canol am unrhyw gyfnod hir. Yn y dechrau, syrthiodd Ewrop i'r gwaelodion a chafwyd dros pum canrif o ymladd. Erbyn dechrau'r Canol Oesoedd gwelwyd grym yn dychwelyd unwaith eto i ddwylo'r Cristnogion eu hunain, trwy gyfnod y Croesegiad (*Crusades*) i ail gymryd Jerwsalem oddi ar y Tyrciaid (Moslemiaid). Yna, gwelwn ryfel ar ôl rhyfel ar draws yr 'hen fyd' cyfan, e.e. bu yna ryfeloedd hir, megis 'Y Rhyfel 100 Mlynedd', a'r rhyfel rhwng tywysogion Caerhirfryn ac Efrog.

Bu rhyfel cartref ym Mhrydain (*Rhyfel Cartref Lloegr*), ac yna yn America a Ffrainc. Gwelwyd dau Ryfel Byd yn yr ugeinfed ganrif, yn ogystal â rhyfeloedd Korea, Vietnam a Rhyfel y Gwlff (oherwydd Kuwait), a rhyfeloedd cartref Bosnia, Serbia, Kosovo ac ati.

Heddiw, ac ymlaen hyd at ddyfodiad Iesu unwaith eto:

Ar yr 11eg o Dachwedd yn flynyddol, dethlir Dydd y Cadoediad (*Armistice Day*), sef diwedd y Rhyfel Mawr yn 1918. Cofir am y rhai a fu'n ymladd, yn enwedig y rhai a gollwyd. Cofnododd rhywun bod dros 100 miliwn o bobl wedi eu lladd mewn rhyfeloedd yn ystod y ganrif ddiwethaf. Y cwestiwn mawr i'r mwyafrif o Gristnogion, ac unrhyw draddodiad arall yw, 'beth oedd pwrpas hyn i gyd a faint gwell yw'r byd heddiw?'

Yn y Dwyrain Canol, gwelwn fod tir Israel a Phalestina wedi dioddef rhyfeloedd a phroblemau mawr ers tua 4,000 o flynyddoedd, ac ar hyn o bryd nid yw'n edrych y bydd yna heddwch parhaol am nifer o flynyddoedd eto.

'Carwch eich gilydd' yw un o ddywediadau pwysicaf Iesu, ond yn anffodus, mae'n un o'r pethau mwyaf anodd i ninnau fel pobl ei wneud. Gair bychan yw cariad, ond mae'n air pwysig iawn. Yn 1923, adroddodd Crwys, y bardd, stori fechan am ffermwr oedd wedi stopio aredig am 11 o'r gloch ar yr 11eg o Dachwedd i gadw'r traddodiad o gofio (am ei fab a syrthiodd yn y Rhyfel Mawr):

Ac yntau'n bennoeth uwch y dydd,
a droes ei fyd mor ddu, a'i wallt mor wyn.

Un arall a welodd effaith y Rhyfel Mawr oedd Cynan, ac mae ei gerdd 'Pabell y Cyfarfod' gwerth ei darllen.

Yr unig annogaeth sydd gennym mewn ffordd ydi ffydd mewn gweddi, a bod Iesu yn paratoi i dychwelyd atom. Ond cofiwch, bryd hynny, bydd yn dod i'n barnu. Bydded i ni geisio gofyn yn ddi-baid yn ein gweddïau am heddwch ymlhith pob cenedl, a phob gwlad, ac am dangnefedd ym mhob cymuned.

Pan welir dynion balch eu bryd
yn ceisio ennill yr holl fyd,
gwyn fyd yr addfwyn, meddai ef,
sy'n etifeddion daer o'r nef.

Pan welir chwalu teulu'r Tad
gan ryfel gyda'i dwyll a'i frad,
gwyn fyd y rhai sy'n caru hedd
rhwng dyn a dyn, yn fwy na'r cledd.
[CFf 239. D. Gwyn Evans]

Trafodaeth:

❖ Pan welwn adroddiadau dyddiol yn y papurau newydd ac ar y newyddion ar y teledu, faint ohonynt sy'n ymwneud â rhyfela rhywle ar draws y byd?

❖ Fel Cristnogion, sut allwn ni wneud mwy i gynorthwyo'r broses o sefydlu heddwch yn y byd? A yw eich eglwys yn rhan o unrhyw ymgyrch i wneud gwahaniaeth yn y byd?

❖ A allwch chi feddwl am gyfandir, gwlad neu wledydd nad ydynt wedi bod yn rhyfela o ryw fath yn ystod y ganrif a hanner diwethaf?

❖ Yn eich tyb chi, faint o wirionedd sydd yn yr honiad mai crefydd sy'n achosi rhyfeloedd?

11. Adolygu

O Dduw, gwyddost ti fy ffolineb, ac nid yw fy nhroseddau'n guddiedig oddi wrthyt. Salm 69:5.

Darlleniad: Salm 69: 1-17.

Myfyrdod:
Erbyn hyn, rydym wedi edrych ar sawl agwedd o fod yn Gristion, gan gynnwys y ffaith ei bod hi'n anodd ar brydiau. Sylweddolwn hefyd bod Iesu'n dweud yn blaen y byddai llawer o'i ddilynwyr yn cael trafferthion, ac y byddai pobl yn eu casáu. Yr un yw profiad y Salmydd yn Salm 69, a gwelwn ei fod yn ofni ac yn poeni am ei fywyd.

Yn y Testament Newydd, gwelwn yn Ioan 15:25 "...Y maent wedi fy nghasáu heb achos..." Cyfeirio mae Iesu yma at gasineb y byd, a sut y bydd llawer o'i ddilynwyr yn dioddef ar gam oherwydd iddynt ei ddilyn. Gwelwn gyfeiriad arall tebyg i'r Salm, yn Llythyr Paul at y Rhufeiniaid 15:3.

Mae'r Salmydd ar ddechrau ei ysgrif (adnodau 2 a 14-15), yn cyfeirio at ei brofiad fel "suddo mewn llaid dwfn, a heb le i sefyll arno". A ydych chi wedi cael y profiad hwn erioed? Fel bachgen ifanc deuthum i ar draws lle fel hyn mewn cae ar lan afon; a chefais ofn, oherwydd fy mod ar fy mhen fy hun. Roeddwn i'n cerdded ar draws man mwdlyd anghysbell pan ddechreuais suddo iddo'n araf. Roeddwn i'n teimlo'r llaid yn gafael ynof yn dynn, a'r mwyaf yr oeddwn i'n symud daliai ynof yn dynach. Yn ffodus cefais afael ar gangen o goeden gerllaw a thynnu fy hun allan ar ôl bod yno am gyfnod.

Er i mi ddod allan yn ddiogel, collais fy 'wellingtons' ac ni chefais fawr o gydymdeimlad pan gyrhaeddais adref yn fy sanau ac yn fwd drosof. Mae'n brofiad sydd wedi aros gyda fi, a'r neges i mi ydy peidio â mynd i le peryglus ar eich pen eich hun, ewch gyda rhywun sy'n gwybod y ffordd, ond byddwch yn barod i achub rhywun mewn trafferthion. Mae'r stori hon yn debyg iawn i lawer o'r cyfarwyddiadau a gafwyd gan Iesu ei hun.

Gwelir enghreifftiau eraill o bobl yn yr Hen Destament yn suddo mewn llaid. Mae un ohonynt, Jeremeia 38:6, yn adrodd yr hanes amdano'n cael ei luchio i bydew Malachai, ac er nad oedd dŵr i'w weld yno, dechreuodd suddo. Yn llythrennol, gall mwd dal ei afael yn dynn ynom, ac mae'n anodd dod ohono heb gymorth. Mae'r storïau hyn yn gallu cyfleu y teimlad ysbrydol o fod yn suddo mewn anobaith hefyd pan fo pethau'n mynd o'i le yn ein bywydau; a dywed y Salmydd (adnod 3) "...y mae fy llygaid yn pylu wrth ddisgwyl am fy Nuw..."

Gellid gofyn y cwestiwn, "a yw'r Salmydd mewn trafferthion am bethau na wyddwn amdanynt, neu am gyflwr y bobl?" Wrth edrych ar eu gwlad yn ystod cyfnod y Salmau, gwelwn gyfeiriadau at ddioddef mawr. Bu i un awdur Saesneg ddisgrifio'r Salm yma fel '*...A prayer of a man overwhealmed by suffering*'. Y mae'r awdur, o bosib, yn isel ei ysbryd o edrych yn fanwl ar ei eiriau. Ai cyfeiriadau at y gwas dioddefus a welwn yn Eseia 53:10? "Yr Arglwydd a fynnai ei ddryllio a gwneud iddo ddioddef. Pan rydd ei fywyd yn aberth dros bechod..." Gellid edrych ar y Salm mewn pum rhan:

(1). Adnod 1-12: Mae'r Salmydd, neu'r wlad, mewn trafferthion ofnadwy ac yn dioddef oherwydd eu teilyngdod a'i haddoliad i Dduw yn erbyn y drwg.

(2). Adnod 13-18: Mae'n gweddïo ar i Dduw, yn ei gariad, i'w achub. (Diddorol yw gweld cyfeiriad yma at y defnydd o 'Dduw Cariad', oherwydd yn aml yn yr Hen Destament, 'Duw Cadarn' neu 'Duw yn Dial' a ddefnyddir).

(3). Adnod 19-21: Teimla'r yr awdur bod euogrwydd y rhai a oedd ar ei ôl yn cael ei ddangos yn glir, "Rhoesant wenwyn yn fy mwyd a gwneud i mi yfed finegr at fy syched..." Efallai ein bod yn gweld cyfeiriad proffwydol am y Groes yma hefyd.

(4). Adnod 22-28: Cadwed i Dduw ddedfrydu'r rhai drwg am yr hyn a wnaethant.

(5). Adnod 29-36: Gofynnir i Dduw i'w adael yn rhydd, iddo gael offrymu diolch iddo a'i foli, a gadael i'r holl fyd ganu clod a rhoi mawl iddo, fel y mae'n adfer ei bobl ato'i hun.

Yn y Salm yma gwelwn rhywun yn cofnodi ei ofn, ac yn disgrifio ei bryder am gyflwr ei fywyd (a hefyd ei wlad a'i genedl). O'r hyn a ddywedir, gwelir iddynt fod o dan ormes mawr o fewn cyfnod byr; ac ymddengys fel petai hi ar ben arnynt. Ond eto, yn ei boen a'i broblemau, mae'n ddigon dewr i weiddi allan (adnod 29) "...trwy dy waredigaeth, O Dduw, cod fi i fyny..." Ar y diwedd mae'n diolch i Dduw am ei adfer i fywyd unwaith eto.

Fel Cristnogion, mewn oes pan fo hi'n edrych yn debyg iawn weithiau bod ein heglwysi a'n haddoliad am suddo o dan ormes y byd seciwlar sy'n ein hamgylchynu, a llawer yn teimlo anobaith, ceir rhyddhad. Trown at Dduw drwy Iesu Grist ei hun, a gofynnwn am adferiad i'n cryfhau a'n cynnal.

Dal fi fy Nuw, dal fi i'r lan,
'n enwedig dal fi lle 'rwy'n wan;
dal fi yn gryf nes mynd i maes
o'r byd sy'n llawn o bechod cas.
[CFf 687. William Williams]

Trafodaeth:

❖ A ydych chi wedi teimlo eich bod chi'n 'suddo' o dan ryw anhawster erioed?

❖ At beth mae'r salmydd yn cyfeirio ato yn adnod 2, pan ddyweda "a heb le i sefyll arno"?

❖ A ydych chi fel eglwys yn teimlo'n debyg i'r Salmydd ar brydiau? Pam?

❖ Pam fod y Salmydd yn teimlo anobaith yn adnod 21, a pryd mae o'n newid ei deimladau i fod yn fwy positif unwaith eto? A oes gwers i ni yma?

Tymor y Gaeaf

12. Sul y Beibl:

A bydded i Dduw, ffynhonnell gobaith, eich llenwi â phob llawenydd. (Rhufeiniaid 15:13)

Darlleniad: Llythyr Paul at y Rhufeiniaid 15: 1-13.

Myfyrdod:
Dechreuwn ein hail dymor gyda Sul y Beibl, a gallwn atgoffa ein hunain o bwysigrwydd y llyfr a'i eiriau yn ein bywydau. Fel rhan o'n teimlad o berthynas arbennig, deuwn yn rheolaidd i'r oedfaon a defnyddiwn y Beibl fel rhan o'n defosiwn: i *addoli* ein Duw, trwy ei fab annwyl, Iesu Grist ein Harglwydd.

Gwelwn eiriau arbennig Paul yn y darlleniad, ac mae Adnodau 4 i 6 yn rhoi cyngor cadarn i ni wrth i ni fyfyrio am bwysigrwydd ein Beiblau. Nodir, "fe ysgrifennwyd yr Ysgrythurau gynt er mwyn ein dysgu ni, er mwyn i ni, trwy ddyfalbarhad a thrwy eu hanogaeth hwy, ddal gafael yn ein gobaith. A rhoddodd Duw, ffynhonnell pob dyfalbarhad ac anogaeth, i chwi fod yn gytûn eich meddwl ymhlith eich gilydd, yn ôl ewyllys Crist, er mwyn ichwi, yn unfryd ac yn unllais, ogoneddu Duw a Thad ein Harglwydd Iesu Grist."

Wrth i ni edrych ar ein Beiblau, sylweddolwn eu bod yn llyfrau mawr iawn, ac ar brydiau, yn gallu ymddangos yn gymhleth. O'r Groeg cawn y gair *biblion,* sef y gair a ddefnyddir am gasgliad o bennodau neu lyfrau, a defnyddir gair tebyg mewn sawl iaith i ddisgrifio teitl yr hyn a alwn ni: 'Y Beibl'.

Casgliad o waith ysgrifenwyr ar hyd yr oesoedd cynnar yw hwn. Rhoddwyd ynddo hanes a storïau yn cysylltu Duw â'i bobl; geiriau'r proffwydi, y brenhinoedd, Salmwyr ac Emynwyr. Yn ddiweddarach, cyfeirir at fywyd a thystiolaeth am yr Arglwydd yng ngeiriau ac adroddiadau dilynwyr Iesu Grist, ein Hiachawdwr.Bu i'r Iddewon gasglu'r Hen Destament a'i bum llyfr cyntaf yn arbennig, i greu strwythur eu crefydd, eu defosiwn, eu harferion a'u cyfreithiau; ac maent yn eu dilyn hyd heddiw.

Cymrodd oddeutu bedair canrif cyn i'r tadau Cristnogol seilio'r Testament Newydd fel yr adnabyddwn ef heddiw. Gwyddom hefyd fod yna rai dogfennau a llythyrau ychwanegol a adawyd allan o'r Testament Newydd oherwydd ni fu'n bosib cytuno ar awdurdod neu gywirdeb yr ysgrifau a oedd yn cael eu hystyried.

Daeth y Gair yn wreiddiol i'n gwlad mewn ffurfiau Hebraeg, Groeg a Lladin, mae'n debyg, ar ddiwedd cyfnod yr Ymerodraeth Rufeinig pan sefydlwyd Cristnogaeth fel eu crefydd swyddogol. Ni wyddom lawer am y cyfnod hwn ym Mhrydain, a bu'n rhaid aros tan gyfnod y seintiau yn y 5ed a'r 6ed Ganrif cyn gweld datblygiadau yn y genhadaeth Gristnogol a'u cofnodwyd yn ysgrifenedig yn ddiweddarach. Cyfnod a nodwyd yn arbennig i ni yn hanes Dewi Sant a'i gyfeillion. Yn ddiweddarach, bu i'r eglwysi lleol ddatblygu dan ddylanwad mynachod a'u cysylltiadau rhyngwladol.

Un o'r camau pwysicaf yn Ewrop oedd cyfieithu'r Beibl o'r ieithoedd gwreiddiol a'r fersiwn Lladin i'r iaith leol. Ni fu hyn heb ei broblemau, a gwyddom am yr aberth a wnaed i sicrhau bod pobl yn gallu darllen y Beibl yn eu mamiaith.

Ym Mhrydain, cafwyd cyfieithiad Saesneg yn gyntaf, ac yna yn 1588, gwelwyd yr un Cymraeg o dan law yr Esgob William Morgan. I ni'r Cymry, bu hyn yn fwy na mater defosiynol; bu iddo gynorthwyo yn fawr i ffurfio ein hiaith ac yn fodd i gadw'r iaith Gymraeg yn fyw. Erbyn heddiw, ceir copïau o'r Beibl Cymraeg Newydd (1988), ac yn ddiweddarach yr 'Argraffiad Diwygiedig' (2004), a diolchwn i bawb sydd wedi cyfrannu o'u hamser i wneud y gwaith hynod bwysig yma. Er bod ein cyfieithiadau modern yn hawdd i'w darllen, sylweddolwn fod llawer o bobl yn hapusach, hyd heddiw, i ddefnyddio eu copïau modern o'r un gwreiddiol (1588). Y peth pwysicaf i ni gofio yw y dylem ddefnyddio pa bynnag fersiwn sydd orau gennym, a'i ddefnyddio'n aml!

Wrth feddwl am y cyfnodau cynnar yn hanes y Beibl, cofiwn am ymdrech y seintiau cynnar, fel Dewi, Teilo a Cybi i ddod â neges newydd i bobl paganaidd ein gwlad.

Yng nghyfnod y proffwydi noder, "Dewch i'r dyfroedd, bob un y mae syched arno," Eseia 55:1. Mae'n ein gwahodd ni i addoliad newydd, i baratoi am y dyfodol. Yn Adnod 6, mae'n hysbysu, "Ceisiwch yr Arglwydd tra gellir ei gael." Cyfeirir yma, o bosib, na fydd Duw yn aros gyda ni pe baem yn troi ein cefnau arno, ac yn yr adnod nesaf mae'n rhoi cyfarwyddiad newydd, "Gadawed y drygionus ei ffordd, a'r un ofer ei fwriadau, a dychwelyd at yr Arglwydd, iddo drugarhau wrtho, ac at ein Duw ni, oherwydd fe faddau'n helaeth."

Mewn ffordd, mae'r Beibl fel map; darlun o sut i fynd o un bywyd i un newydd. Ac fel map, mae yna symbolau a nodiadau. Yn y Testament Newydd roedd Iesu'n defnyddio storïau a damhegion i ddysgu'r bobl am deyrnas Duw, y newyddion da a'r bywyd tragwyddol. Ffordd syml ond effeithiol o siarad â llawer o bobl, â'r mwyafrif ohonynt ar y pryd yn anllythrennog, a sefyllfa lle'r oedd gan y dilynwyr cynnar sawl iaith. Ond ceir un neu ddau rybudd yno hefyd, i beidio â chwilio am bethau nad ydynt yno.

Mae'r Beibl wedi ei gyfieithu a'i wasgaru i'r rhan fwyaf o'r byd erbyn heddiw, ac mae'r broses o fynd â'r Newyddion Da yn parhau. Diolchwn felly, yn arbennig am y rhai sy'n genhadon a'r gweithwyr eglwysig sydd mewn gwledydd fel Tsieina lle mae'r ffydd Gristnogol yn datblygu.

Erbyn heddiw â'r byd modern technolegol, mae'n bosib cael gafael ar y Beibl ar y we fyd-eang, a cheir sawl cyfieithiad ohono, gan gynnwys y Gymraeg (e.e. www.beibl.net). Gall yr adnoddau hyn fod o fudd mawr, oherwydd maent yn cynnwys tudalennau cymorth i eglwysi ac ysgolion.

Defnyddiwn y Beibl i ddysgu ac i sylweddoli sut y gallwn ddod yn agosach at Dduw, drwy Iesu Grist. Mae'n llawn cysur a rhybuddion, yn ein cynorthwyo i barhau i ddatblygu yn ein ffydd ac yn dangos patrymau i ni eu dilyn. Un o'r pethau pwysicaf yw cael yr hyder i ddarllen y Beibl yn rheolaidd, a myfyrio ar ystyr y geiriau a gweld lle maent yn berthnasol i ni heddiw.

Yng nghasgliad T. Owen (1820), nodwyd geiriau emyn adnabyddus yn y Gymraeg sy'n canolbwyntio ar bwysigrwydd y Beibl i ni fel pobl Dduw:

Dyma Feibl annwyl Iesu,
dyma rodd deheulaw Duw;
dengys hwn y ffordd i farw,
dengys hwn y ffordd i fyw;
dengys hwn y golled erchyll
gafwyd draw yn Edern drist,
dengys hwn y ffordd i'r bywyd
drwy adnabod Iesu Grist

[CFf 198. Priodolir i Richard Davies]

Trafodaeth:

- Pa gyfieithiad o'r Beibl ydych chi'n hoffi ei ddefnyddio? Pam?
- Pa mor aml ydych chi'n ei ddarllen?

- Meddyliwch am y ddau Destament ac ystyriwch pa rannau sydd wedi bod fwyaf pwysig i chi dros y blynyddoedd. Pam ydych chi'n hoffi'r darnau hyn?

- Pe baech yn siarad â rhywun sydd â ffydd gwahanol, mewn dim mwy na phedair brawddeg, disgrifiwch wrthynt beth yw pwrpas y Beibl i'r Cristion.

13. **Cyfnod Adfent**

*A daeth y Gair yn gnawd a phreswylio yn ein plith, (*Ioan 1:14)

Darlleniad: Ioan 1: 1-18.

Myfyrdod:
Dechreuwn gyfnod cofnodi'r Adfent yn y wers hon. Cyfnod pan fyddwn yn ein hatgoffa ein hunain o ddyfodiad Iesu i'r byd. Mae'n gyfnod sy'n cael ei gofnodi yn wahanol gan bob traddodiad.

Mae'r bennod gyntaf o Efengyl Ioan yn crynhoi gwybodaeth am gysylltiad Duw â'r byd, a chyda'i Fab, Iesu Grist. Yn Adnod 14 mae'n cofnodi, "daeth y Gair yn gnawd a phreswylio yn ein plith, yn llawn gras a gwirionedd; gwelsom ei ogoniant ef, ei ogoniant fel unig Fab yn dod oddi wrth y Tad." Nid yw Ioan yn cofnodi genedigaeth Iesu, na'r achau sy'n cysylltu â Dafydd y brenin (fel yn Mathew a Luc); ond y mae'n cyhoeddi ei ddyfodiad i'r byd.

Os symudwn ymlaen i 1 Ioan 1:5-10, gwelwn debygrwydd mawr yn y dull o ysgrifennu â defnydd o rai geiriau nad ydynt yn ymddangos yn yr efengylau eraill. Un o'r geiriau yw 'goleuni', ac mae'n ymddangos o'r gramadeg a'r dull o ysgrifennu, mai'r un Ioan yw hwn ac awdur yr Efengyl o'r un enw. Yn yr *epistol* neu lythyr, mae'r Ioan yma yn ail gadarnhau wrth Gristnogion cynnar bod Iesu wedi ei ddanfon i'r byd *i'n hachub ni*. Pam felly bod angen ysgrifennu rhywbeth mor ddwfn yn y cyfnod cynnar hwn? Mae'n debyg bod llawer o waith efengylu wedi bod yn digwydd yn ystod y cyfnod ac nad oedd wedi bod yn llwyddiannus bob amser.

Erbyn yr amser yr oedd Ioan yn ysgrifennu (efallai oddeutu 80-85 OC), roedd Cristnogaeth tua hanner canrif oed, a'i effaith wedi lledu ar draws yr Ymerodraeth Rufeinig. Deallwn o rai hanesion bod Ioan, yr olaf o'r apostolion gwreiddiol, yn byw ei flynyddoedd olaf yn Effesus (sydd heddiw yng ngwlad Twrci).

Un o'r pethau a achosodd broblemau i Ioan oedd y ffaith fod yna dipyn o bwysau ar y Cristnogion cynnar i addasu eu haddoliad yn lleol, oherwydd dylanwadau a syniadau athroniaeth Groegaidd. Cofiwn mai yn yr iaith Groeg y bu i'r Testament Newydd gael ei ysgrifennu, ac nid yn Lladin, sef iaith ffurfiol yr Ymerodraeth Rufeinig. Felly nid yw'n syndod bod rhai o'r Groegwyr a ddaeth i dderbyn Iesu wedi addasu rhywfaint o'i dysgeidiaeth i gydymffurfio â'u gwybodaeth am athroniaeth.

Bu Ioan, hefyd, yn ymwybodol o effaith y rhai oedd yn dilyn y (sect) *Gnosticiaid*. Roedd y rhain wedi bod yn perthyn i eglwysi Crist, ond wedi sefydlu enwad arall tu allan i'r fframwaith a fu'n gysylltiedig â'r apostolion. Roeddent yn dilyn syniadau a oedd yn canolbwyntio ar y byd ysbrydol, ac i raddau yn amau bod Iesu wedi ymddangos mewn ffordd ddynol, a byddai hyn yn creu amheuaeth am y Groes a'r atgyfodiad hefyd. Os oedd Ioan ac eraill yn gorfod ailadrodd ac ail-ddehongli rywfaint o'r cefndir Cristnogol, tybiwn bod anghytuno wedi codi yn yr eglwysi cynnar.

I Ioan, roedd y syniad o'r uwch-ysbrydol, cuddiedig a chyfrinachol a gysylltir â'r Gnosticiaid yn ymddangos yn ffolineb. Gwelwn rywbeth tebyg yn 1 Corinthiaid 15:17: "Ac os nad yw Crist wedi ei gyfodi, ofer yw eich ffydd, ac yn eich pechodau yr ydych o hyd". Y peth allweddol sy'n tarddu o'r darlleniadau hyn yw'r ffaith bod Duw *wedi* danfon ei Fab i'r byd mewn ffordd ddynol. A hefyd, ei fod wedi byw yn ein plith ac yn ymddangos i'w ddisgyblion a'i ddilynwyr mewn ffordd ddynol. Iddynt hwy, nid oedd unrhyw amheuaeth o'i ffurf na'i natur fel unigolyn.

Wrth i ni fyfyrio ar wahanol syniadau, efallai y dylwn feddwl am ein cyflwr ninnau heddiw fel pobl. Dywedir mai ond cyfartaledd o tua 6% yn unig o'r bobl ym Mhrydain heddiw sy'n mynychu addoldai Cristnogol yn gyson. Ond eto, yn ôl ffigurau *Cyfrifiad 2001,* dywedir bod tua 70% wedi nodi eu bod yn 'Gristnogion', er bod cyfle iddynt, am y tro cyntaf, i nodi eu bod yn 'Ddi Grefydd'.

Felly, gwelwn fod gwahaniaeth mawr yn yr hyn y mae'r gair Cristnogol yn ei feddwl i wahanol bobl. I rai, mae'n ffordd i'w ddilyn yn ffurfiol (fel aelod o eglwys), neu i eraill, yn ffordd o fyw yn ôl esiampl Crist (fel person da, ond heb fod ganddo ffydd ffurfiol). Rydym yn clywed yn aml bod ein pobl modern, seciwlar hefyd yn bobl 'ysbrydol'; a chaiff hyn ei gadarnhau yn aml wrth i weinidog drefnu angladd. Er eu bod yn aml yn galw eu hunain yn bobl seciwlar, mae rhan helaeth o'r boblogaeth yn dymuno cael cynhebrwng ffurfiol, Cristnogol o hyd.

Bu i Ioan ac eraill, ganolbwyntio ar ffurf a natur arbennig Iesu. Heddiw, credaf bod angen i ni unwaith eto ailadrodd yr hanes i sicrhau bod eraill yn gwybod bod Iesu yn fwy na 'dyn da, hanesyddol a dylid ei efelychu yn ein bywydau bob dydd'. Mae ffydd yn rhywbeth pwysig ac yn anodd ei ddehongli i bawb; ond mae'r teimlad o fod mewn perthynas â Duw, trwy Iesu ei Fab, yn hanfodol i'n datblygiad ni fel eglwysi.

Wrth i ni agosáu at gyfnod y Nadolig, sylweddolwn ei bod hi'n gyfnod sydd yn fawr ei pharch yn y byd seciwlar hefyd, oherwydd mae'n amser pwysig ym myd masnach a marchnata. I'r Cristion, dylai'r cyfnod hwn fod yn gyfnod i fyfyrio ar gariad Duw, oherwydd bu iddo ddewis danfon ei Fab atom i'n hachub yn lle troi ei gefn arnom a symud ymaith a'n gadael.

> Y Crist yw fy Ngwaredwr,
> mae'n Frenin nef a llawr;
> beth bynnag ddywed dynion
> mae Crist yn fyw yn awr...
> [CFf 389. cyf. E.H. Griffiths]

Trafodaeth:

❖ Beth yw ystyr cyfnod yr *Adfent* i chi?

❖ A ydych chi'n cyfarfod â phobl sy'n dweud eu bod yn byw mewn ffordd 'Gristnogol' ond nad ydynt yn perthyn i eglwys? Sut ydych chi'n ymateb iddynt?

❖ Ceisiwch esbonio ystyr y gair 'goleuni' y mae Ioan mor hoff o'i ddefnyddio.

❖ Edrychwch ar 1 Ioan 1:10. Sut gall 'pechod' ymddangos yn ein bywydau ni?

14. Nadolig 1:

"Peidiwch ag ofni, oherwydd ...yr wyf yn cyhoeddi i chwi newydd da am lawenydd mawr a ddaw i'r holl bobl ...". (Luc 2:10)

Darlleniad: Luc 2: 1-21.

Myfyrdod:
Dyma'r cyntaf o storïau'r geni y byddwn yn cyffwrdd arni. Un peth y dylid ei bwysleisio yma, yw nad ydym yn gwybod y dyddiad na'r mis y bu i Iesu gael ei eni. Dewiswyd y dyddiad yr ydym ni'n ei ddefnyddio flynyddoedd lawer wedi'r digwyddiad. Mae hyd yn oed y flwyddyn yn amheus, oherwydd sawl newid i'r calendar yn ystod y ddwy fil o flynyddoedd diwethaf.

Byddwn ninnau yn ein gwers yn canolbwyntio ar y dyddiad traddodiadol a ddefnyddia'r eglwysi, sef 25 Rhagfyr. Mewn ffordd, mae hwn yn ddyddiad addas iawn, gan fod y gaeaf ar fin dod i ben a'r flwyddyn newydd (a'r gwanwyn) yn agosáu. Cyfnod yw, yn llythrennol, pan fo'r byd yn symud o'r tywyllwch a gysylltir â'r gaeaf, i'r goleuni sy'n lledu bob dydd tua'r gwanwyn. Rhaid cofio bod traddodiadau y tu hwnt i Gristnogaeth wedi datblygu syniadau tebyg hefyd, wrth iddynt edrych ar dymhorau'r flwyddyn.

Yn ein myfyrdod, awn i ardal gerllaw Bethlehem, ryw 5-6 milltir i'r de-orllewin o Jerwsalem ym mryniau mynyddig Jwda. Yn yr ardal hon, dywedir bod Rachel (gwraig Jacob) wedi ei chladdu, a dyma'r lle yr aeth Ruth a Naiomi i fyw ynddo. Mae Bethlehem wedi ei gofnodi fel man genedigaeth, a'r ardal lle dewisodd Samuel i Dafydd fod yn frenin, ac yn olynydd i Saul. Cofnododd Micha 5:2 a 3, "Ond i ti Bethlehem Effrata ...y daw allan i mi un i fod yn llywodraethwr yn Israel...". Heddiw, mae'r ardal yn rhan o diroedd Palestina ac mae Bethlehem wedi gweld llawer o broblemau yn ystod yr hanner canrif ddiwethaf. Yn ein gwers, awn yn ôl i'r cofnodion yn Efengyl Luc, gan ganolbwyntio ar un neu ddau o bwyntiau arbennig:

Daeth Angel yr Arglwydd i lawr:
A safodd yng nghanol y bugeiliaid, gan gyhoeddi dyfodiad y Meseia. Dywedodd wrthynt: "Peidiwch ag ofni", ond hawdd iawn yw

ysgrifennu'r geiriau syml hyn. Meddyliwch sut y byddech chi'n ymateb pe baech yn cael eich cyfarch yn sydyn yn y tywyllwch gan Angel!

Mae'r gair 'Angel' yn meddwl 'un sy'n dod â newyddion' (neu *negesydd*), a bu i lawer eu cofnodi yn yr ysgrythurau fel gweithwyr arbennig Duw. Yn ôl y traddodiad, mae'n debyg mai *Gabriel* oedd enw'r un a ddaeth â'r neges (gweler Luc 1:19,26, lle mae'n siarad â Sachareias, a gwelir cyfeiriadau ato hefyd yn Daniel 8 a 9). Os darllenwn *Mynegair i'r Beibl Cymraeg Newydd* (1988), gwelwn fod 346 o gyfeiriadau at *angel* neu *angylion* yn y Beibl, felly, bu'r negeswyr yma'n eithaf prysur dros y blynyddoedd!

Tybiwn y byddai'n eithaf naturiol i'r bugeiliaid deimlo'n ofnus, ond ar ôl iddynt dawelu, dywedodd yr Angel wrthynt lle y gallent ddod o hyd i'r baban bach arbennig. Os oeddent wedi cael ofn wrth weld un Angel, mae'n siŵr eu bod yn fwy ofnus fyth wrth i dyrfa ohonynt ymddangosodd yn moli Duw. Roeddent yn cyhoeddi, "Gogoniant yn y goruchaf i Dduw, ac ar y ddaear tangnefedd." Daeth y bugeiliaid at ei gilydd a phenderfynu mynd i chwilio am y baban.

Aethant ar frys:
Mae hyn yn dangos eu bod wedi ystyried neges yr Angel o ddifri. Aethant i Fethlehem a dod o hyd i'r man lle'r oedd y baban Iesu, a bu iddynt gyfarfod y teulu newydd, a dweud wrthynt sut y cawsant y newyddion.

Rhyfeddodd pawb a'u clywodd at y pethau a ddywedodd y bugeiliaid:
Roedd yr Iddewon ofnus hyn wedi cymryd y neges fod y Meseia wedi cyrraedd yn llythrennol, ac nid oedd angen iddynt wybod unrhyw beth arall. Roeddent, mwy na thebyg, yn gwybod am y proffwydoliaethau yn yr Hen Destament ac nid oeddent wedi'u synnu gyda'r hyn a gyhoeddwyd. Roedd ffydd a chrefydd y bugeiliaid yn syml, ac roeddent wedi ymateb i'r newyddion yn gyflym.

Dychwelodd y bugeiliaid dan ogoneddu:
Roeddent mor hapus eu bod wedi cyfarfod y baban, ac yn hapusach fyth bod Duw wedi cyflwyno'r bychan iddynt hwy; etifeddion y llwythi Iddewig gwreiddiol.

PAM Y BUGEILIAID?

Roedd tipyn o anghydfod ymhlith yr Iddewon ynghylch statws ac awdurdod Herod (a oedd i bob golwg wedi ei sefydlu gan yr Ymerodraeth Rufeinig) yn y cyfnod. Felly, mae'n debyg na fyddai'r bugeiliaid hyn wedi ei gydnabod yn 'frenin'. Teimlir gan fod y bugeiliaid yn bobl grefyddol, er nad oedd ganddynt ryw lawer o addysg ffurfiol, y byddent yn cydnabod Duw. Ac felly, os oedd Ef wedi danfon ei Angel atynt, roedd yn rhaid iddynt wneud yr hyn a gyhoeddwyd.

Hefyd, efallai ei fod yn arwyddocaol bod Iesu ei hun wedi defnyddio'r termau 'bugail' a 'defaid' llawer gwaith i gysylltu ei hun â'r bobl. Mewn proffwydoliaeth dywedwyd, "Fe saif ac arwain y praidd yn nerth yr Arglwydd, ac ym mawredd enw'r Arglwydd ei Dduw. A byddant yn ddiogel, oherwydd bydd ef yn fawr hyd derfynau'r ddaear;" (Micha 5:4).

Wrth weld eu braw a'u dychryn hwy,
"Nac ofnwch", meddai ef,
"Cans dwyn yr ydwyf lawenydd mawr,
newyddion da o'r nef."
[CFf 438. cyf. D. Gwyn Jones]

Trafodaeth:

❖ Sut fyddai pobl heddiw yn ymateb i gyfarfod ag Angel? Sut fyddech chi'n ymateb?

❖ Beth yw ystyr, "Disgleiriodd gogoniant yr Arglwydd o'u hamgylch," (Luc 2:9)?

❖ Meddyliwch am y bugeiliaid a'u cyndadau a fu'n disgwyl am y Meseia am ganrifoedd. Fel gohebydd newyddion, crëwch gyhoeddiad am y digwyddiad mawr, mewn pedair neu bum brawddeg.

❖ A oes Angylion yn ein plith ni heddiw? Beth yw neu fyddai eu gwaith nhw?

15. Nadolig 2:

"Ble mae'r hwn a anwyd i fod yn frenin yr Iddewon? ..." (Mathew 2:2)

Darlleniad: Mathew 2: 1-12.

Myfyrdod:
Yn yr ail wers am y Nadolig, trown at Efengyl Mathew a'r ail bennod. Gwelwn gofnodion am faban bach arbennig a anwyd ym Methlehem, Jwdea (Adnod 5). Mae'r stori'n wahanol i'r un yn Luc 2:7, lle gwelwn gyhoeddiad i Fair ei bod am esgor ar faban; ac yng ngwers 14, gwelwyd y bugeiliaid yn ymweld â'r teulu.

Yma, byddai'n fuddiol i ni ofyn pam fod y gwŷr doeth neu'r 'Seryddion' fel a'u disgrifir yn yr Argraffiad Diwygiedig o'r Beibl, wedi dod i chwilio am y baban? Beth oedd arwyddocâd eu taith bell?

Nid oeddent yn bobl leol, ac i bob pwrpas roedd eu traddodiad crefyddol yn wahanol i un yr Iddewon. Wrth iddynt fynd i chwilio am y 'brenin' newydd, roedd yn naturiol iddynt ymweld â phalas Herod yn Jerwsalem; ond nid oedd ef yn hapus iawn gyda'r ymweliad am nad oedd yn gwybod dim am y digwyddiad. Mae yna dri chwestiwn yn codi o'r ymweliad:

(1). **Pwy oedd y bobl ddieithr yma o'r dwyrain?**
Er bod llawer o garolau a chaneuon yn eu cyflwyno fel brenhinoedd, mae'n fwy tebygol mai seryddion oeddent. Ac er bod yna gyfeiriadau traddodiadol at enwau i'r ymwelwyr, ni nodir hyn yn Efengyl Mathew, ac nid yw'n sicr mai tri ohonynt a oedd wedi dod. Cyfeiria'r traddodiad hwn yn amlwg at y tri anrheg arbennig, sef aur, thus a myrr. Mae'r hanesydd Herodotus yn disgrifio llwyth o Fediaid, ac yn eu plith gweinidogion crefyddol ymerodraeth Persia. Disgrifir hwy fel dosbarth o wŷr doeth ac astrolegwyr a oedd yn gallu dweud ystyr breuddwydion a darganfod negeseuon o'r 'duwiau'.

Ceir nodiadau tebyg hefyd yn Deuteronomium 1,2 a 5. Gellid gweld tebygrwydd i'r profiadau cynt yn yr Aifft, pan oedd Joseff yn siarad â'r Ffaro, ac yn ddiweddarach yn y storïau sy'n sôn am Daniel. Felly, sylweddolwn fod yna wŷr a chanddynt ddoethineb arbennig yn y cyfnod cynnar hwn.

(2). **O ble y daethost?**

Ni all unrhyw un fod yn hollol sicr, ond o'r wybodaeth sydd ar gael, mae'n debyg iawn eu bod yn gysylltiedig â llwythi'r Mediaid a oedd yn byw yn ardal Persia (rhywle rhwng Irac ac Iran heddiw). Felly, oherwydd y pellter, tybier eu bod wedi teithio amser hir cyn cyrraedd Jerwsalem. Mae hyn yn dangos bod yna dipyn o amser wedi mynd heibio ers iddynt ddarganfod y seren a'i dilyn ar draws y Dwyrain Canol.

Nid oedd Herod yn deall pa bryd allai'r enedigaeth fod wedi digwydd, ac o bosib, mai dyna'r rheswm am ei gorchymyn i ladd pob bachgen o dan ddwy oed. Er nad oes tystiolaeth hanesyddol arall ar gael am y gorchymyn erchyll hwn, gwyddwn ei fod yn bosib oherwydd y nodiadau sydd am Herod, a'r ffaith ei fod yn amlwg yn ofni cael ei ddiswyddo gan rywun â mwy o awdurdod nag ef. Mae'n debyg iddo wneud i ffwrdd â rhai aelodau o'i deulu ei hun oherwydd bygythiad i'w awdurdod. A'r dyddiad? Nid oes unrhyw un yn sicr, oherwydd dadleuon ynghylch cywirdeb y calendrau cyntefig. Tybia sawl awdurdod ei fod rhywle rhwng 4 a 7 Cyn Crist yn ein calendar modern.

(3). **Pam oeddent yn chwilio am 'Frenin yr Iddewon'?**

Synhwyrwn fod Mathew ei hun wedi ysgrifennu ei Efengyl yn wreiddiol at yr Iddewon. Felly, mae'r ymweliad hwn yn cydymffurfio â'r traddodiad cyntefig o bobl bwysig y gwledydd cyfagos yn danfon llysgenhadon i gyfarch y brenhinoedd newydd. Yn aml, byddent hefyd yn trefnu rhyw fath o gytundebau heddwch a masnachol a fyddai'n fuddiol i'r ddwy wlad neu genedl. Tybiwn hefyd, bod yr ymwelwyr hyn o'r cenhedloedd yn rhoi awdurdod newydd i'r baban Iesu. Roedd wedi ei eni'n Arglwydd, nid yn unig i'r Iddewon, ond i'r cenhedloedd hefyd. A dyna un o'r pethau y mae Paul yn ei bwysleisio'n gyson yn ei lythyrau.

YR ANRHEGION

Fel ymwelwyr ffurfiol â digwyddiad rhyngwladol, byddai'n arferol anfon anrhegion, a'u cyfnewid rhwng y brenhinoedd. Gwelwn gyfeiriad at hyn yn Salm 72:10, "Bydded i frenhinoedd Tarsis a'r ynysoedd ddod ag anrhegion iddo, ac i frenhinoedd Sheba a Seba gyflwyno eu teyrnged. Bydded i'r holl frenhinoedd ymostwng o'i flaen, ac i'r holl genhedloedd ei wasanaethu". Mae llawer o'r Cristnogion cynnar wedi cysylltu'r Salm yma â Solomon, ac efallai mai dyna pam y daeth y traddodiad o 'dri brenin'. Dywedodd Eseia 49:7 rywbeth tebyg: "...Bydd brenhinoedd yn sefyll pan welant, a'r tywysogion yn ymgrymu..."

Yn ôl Mathew 2:10, "Daethant i'r tŷ a gweld y plentyn gyda Mair ei fam; syrthiasant i lawr a'i addoli ...". Daethant ag anrhegion arbennig: AUR (am ei fod yn frenin), THUS (am ei fod gan Dduw) a MYRR (am ei fod yn ddynol mewn cnawd). Dywedir wedyn bod y seryddion wedi cysgu a chael breuddwyd yn dweud wrthynt am beidio â mynd yn ôl at Herod, ac felly ânt am adref ar hyd ffordd arall.

Y SEREN

Nis gwyddid pa seren a welwyd, ond bu'r seryddion yn ei dilyn a chafwyd hyd i'r baban Iesu. Heddiw, fel pobl, rydym ni yn y gorllewin yn tybio ein bod yn bobl ddoeth. Wrth i ni sylweddoli fod 'Seren Bethlehem' wedi codi unwaith eto, a ydyn ni'n ddigon dewr i'w dilyn a mynd i addoli'r brenin newydd sy'n Arweinydd ac yn Iachawdwr? A thybed pa anrheg sydd gennym iddo?

Wele seren deg yn arwain
doethion dwyrain at dy draed,
aur a thus a myrr aroglus,
rhoddion costus iti gaed ...
[CFf 444. Bardd Du Môn]

Trafodaeth:

❖ Nid wyddai Herod lle'r oedd y Meseia wedi ei eni (Adnod 4). Pam?

❖ Wrth edrych ar y mapiau yn y Beibl, pa mor bell a deithiodd y seryddion?

❖ Cofiwch eu bod yn debygol o fod ar gamelod neu geffylau ac yn croesi'r diffeithwch. Faint o amser fyddai'n cymryd iddynt fynd i Jerwsalem o'i gwlad?

❖ Pa fath o seren sy'n cael ei disgrifio yn Adnod 9 a 10? Oes yna gyfeiriad at 'seren' neu 'sêr' arbennig eraill yn y Beibl?

16. **Nadolig 3:**

" .. a bydd yr awdurdod ar ei ysgwydd '..." (Eseia 9:6)

Darlleniad: Eseia 9: 1-7.

Myfyrdod:
Yn ystod y cyfnod sy'n arwain at y Nadolig, gwelwn sut y mae'r byd yn trefnu ei addurniadau. Yn y siopau, ar y strydoedd ac yn fwyfwy heddiw, gwelwn bobl yn goleuo eu tai gyda goleuadau llachar, lliwgar o bob siâp Nadoligaidd. Mae yna Siôn Corn (neu *Santa*), sled, anrhegion, coeden Nadolig, a phob math o bethau seciwlar eraill. "Nadolig Llawen" mewn goleuadau llachar sy'n ein cyfarch wrth ddod i mewn i lawer o drefi ar draws y wlad. Ond, anaml iawn y gwelwn unrhyw gyfeiriad at yr ŵyl Gristnogol, a sefydlodd cyfnod y gwyliau arbennig hwn!

Tybed, er y goleuadau mawr lliwgar yma sy'n ein plith, sawl un ohonom sy'n byw o hyd mewn byd a ddisgrifir fel a ganlyn, "Y bobl oedd yn rhodio mewn tywyllwch a welodd oleuni mawr; y rhai a fu'n byw mewn gwlad o gaddug dudew a gafodd lewyrch golau," Eseia 9:2. Hynny yw, faint ohonom sy'n effro i sylweddoli'r hyn a wnaeth Duw ar ein rhan y Nadolig cyntaf hwnnw?

Gwelwn yn Llyfr Eseia, broffwydoliaethau am y dyfodol. Mae'r un ym Mhennod 9 yn gyfarwydd iawn i ni, oherwydd caiff ei adrodd yn rheolaidd yn ystod yr ŵyl. Gwelir y geiriau adnabyddus yn Adnod 6, "Canys bachgen a aned i ni, mab a roed i ni, a bydd yr awdurdod ar ei ysgwydd. Fe'i gelwir, "Cynghorwr rhyfeddol, Duw cadarn, Tad bythol, tywysog heddychlon". Mae'n cyfeirio at y Meseia, a'i awdurdod.

Yn ddiweddarach yn ei Lyfr, mae'r broffwydoliaeth yn dyfnhau, e.e. yn Eseia 40:3 gwelwn, "Paratowch yn yr anialwch ffordd yr Arglwydd, unionwch briffordd i'n Duw ni." Wrth i ni ymbalfalu drwy'r Llyfr, gwelwn waith tri awdur gwahanol dros gyfnod o amser, a phriodolir y gwaith bellach i dri o dan yr un enw.

Ond nid ofer yw'r ysgrif oherwydd hynny, os rhywbeth mae'n cadarnhau dylanwad y proffwydi, yn enwedig yn ystod y gaethglud ym Mabilon. Roedd y cyfnod hwnnw'n un pwysig iawn yn hanes yr Iddewon, pan ail-gydiwyd yn eu ffydd ar ôl cyfnod hir mewn 'diffeithwch crefyddol'. Yn ystod y cyfnod, a oedd yn llai na chanrif, bu i'r proffwydi baratoi'r ffordd iddynt ddychwelyd i'r hen wlad. Bu iddynt gydnabod eu diffygion a chael gweledigaeth newydd am gyfnod o ail adeiladu eu cenedl. Digwyddodd hyn ryw bum canrif cyn Crist, ond arhosodd geiriau'r proffwyd i ddatgelu gwirionedd eu dyfodol.

Ar ôl cyrraedd adref, bu'n rhaid i'r Iddewon wynebu llawer o broblemau, a bu dylanwad y Groegwyr a'r Rhufeiniaid yn fawr wrth roi siâp newydd ar y genedl, a hefyd i ail-ddiffinio eu crefydd. Aeth llawer ar goll yn ysbrydol, gan ganfod mwy o bleser yn y byd masnachol ac ysgolheictod a ddaeth drwy'r bobl newydd o ardal Môr y Canoldir. Mewn ffordd, roeddent mewn cyflwr tebyg iawn i'n gwlad ninnau heddiw. Llawer o bobl yn gwybod am yr Arglwydd Iesu ac am Dduw, ond yn rhy brysur i addoli. Yn wir, canran fechan o wir addolwyr oedd ar ôl erbyn genedigaeth Iesu, ac roeddent yn edrych ymlaen yn fawr iawn at ddyfodiad y Meseia i'w harwain ac i adfywio eu ffydd. "Wele cawsom y Meseia," medd Dafydd Jones (Caio, Sir Gaerfyrddin), "cyfaill gwerthfawroca' 'rioed;" (CFf 441). Ac yn nyfodiad y Meseia, gellir gweld ryw dri chyfnod arbennig yn ei fywyd:

(1). **Y baban a'r bachgen Iesu**:

Ond yn Mathew a Luc y ceir cyfeiriadau at ei blentyndod. Bu i Luc ganolbwyntio ar ei gysylltiad â Mair ei fam, a'r bugeiliaid yn dod i ymweld ar ran y gwir Iddewon addolgar. Yn Mathew, canolir y stori ar Joseff, ei dad bydol, ac ymweliad y seryddion â'u hanrhegion ar ran y cenhedloedd. Rhoddwyd i Fair a Joseff awdurdod a chyfrifoldeb i'w warchod a'i feithrin yn ystod ei blentyndod. Erbyn Luc 2: 41-52, sylweddolwn ei aeddfedrwydd yn gorfforol ac yn ysbrydol, a chyfeirir ei fod yn cyhoeddi am y tro cyntaf, "Onid oeddech yn gwybod mae yn nhw fy Nhad y mae'n rhaid i mi fod?" Hyd yn oed fel bachgen ifanc roedd yn paratoi am ei ddyfodol.

(2). **Iesu'r dyn a'i waith**:

Yn y Testament Newydd gwelwn Iesu'n paratoi'r Iddewon, ac eraill, i ddychwelyd i addoli Duw. Mae ei athrawiaeth a'r ffordd y mae'n dysgu'n wahanol i'r proffwydi eraill. Disgrifir bod mwy o bobl yn ei ganlyn ac yn sylweddoli bod ganddo bŵer nad oes gan eraill; ac mae ganddo awdurdod. Gwelwn sawl cyfeiriad at hyn, e.e. Mathew 7:29: "...oherwydd yr oedd yn eu dysgu fel un ag awdurdod ganddo, ac nid fel eu hysgrifenyddion."

Wrth geisio darganfod y cysylltiadau Nadoligaidd â Iesu, gwelwn i'w enedigaeth fod yn wahanol iawn i ddweud y lleiaf, a gwelir y cyfarchion a ddaeth o bob cwr o'r Dwyrain Canol yn dangos ei fod yn bwysig. Roedd mor bwysig, roedd yn fygythiad i'r awdurdodau lleol, a bu'n rhaid i'w deulu ffoi am gyfnod. Hyd yn oed yn ei blentyndod nis gwyddid llawer amdano, ac felly canolbwyntia'r adroddiadau ar ei weinidogaeth yn ystod y tair blynedd cyn ei groeshoeliad.

(3). **Iesu - ei groeshoeliad a'r atgyfodiad**:
Gwyddom yr hanesion, sydd mor glir ac mor erchyll yn nisgrifiadau'r Testament Newydd. Cofiwn y Swper Olaf, y bradychu, a'r llys, y condemniad, y croeshoeliad, y dioddefaint, a'i farwolaeth. Aeth i'r Groes mewn ufudd-dod i'w Dad, ar ein rhan; ond trwy gariad Duw, bu iddo atgyfodi ar y trydydd dydd. A dyma ni'n dychwelyd unwaith eto at y gair arbennig, "Rhoddwyd i mi" meddai, "bob awdurdod yn y nef ac ar y ddaear. Ewch gan hynny, a gwnewch ddisgyblion o'r holl genhedloedd," (Mathew 28:18-19).

> Dyma'r dydd y ganed Iesu,
> dyma'r dydd i lawenhau;
> Arglwydd nef a ddaeth i brynu
> dynol-ryw, a'u llwyr ryddhau.
> [CFf 461. Daniel Ddu o Geredigion]

Trafodaeth:

❖ Eseia 9:2: Beth yw arwyddocâd 'tywyllwch' yng nghyfnod y proffwyd?

❖ Pam y cyfeirir at 'orsedd Dafydd a'i frenhiniaeth' yn Adnod 7?

❖ Sut byddech yn disgrifio awdurdod Iesu i ni heddiw?

❖ Pa garol neu emyn sy'n disgrifio dyfodiad Iesu i'r byd orau? Pam?

17. **Dechrau'r flwyddyn**

"... y mae fy llygaid wedi gweld dy iachawdwriaeth ...". (Luc 2:30)

Darlleniad: Luc 2: 22-38.

Myfyrdod:
Gobeithiwn eich bod wedi cael Nadolig Llawen iawn a dymunwn Blwyddyn Newydd Dda i chi, a bydded bendith Duw arnoch a'ch teuluoedd ym mhob man. Gobeithio eich bod wedi mwynhau'r gwyliau a'ch bod yn edrych ymlaen at ddechrau blwyddyn arall gyda hyder a nerth, drwy ras Duw.

Rwy'n siŵr ein bod ninnau a llawer o'n cyfeillion wedi gwneud rhyw fath o 'addunedau Blwyddyn Newydd' dros y blynyddoedd. Faint ohonom sydd wedi dymuno/addo rhoi'r gorau i rywbeth neu'i gilydd?

Ar ôl gŵyl y Nadolig, teimlwn effaith yr holl fwyd a diodydd, ac i lawer, mae'n gyfnod i benderfynu colli pwysau! I eraill, daw'r dymuniad i roi'r gorau i 'smocio' neu yfed gormod, neu beidio â gwario'n wirion.

Cofiwch, mae'n hawdd iawn gwneud yr adduned, ond yn aml iawn mae'n anodd ei chyflawni. Y broblem fwyaf i lawer ydy canfod y nerth a'r cryfder i gyflawni'r adduned. Mae'n gymharol hawdd yn ystod y dyddiau cyntaf i'r mwyafrif ohonom, ond ar ôl cyfnod, collwn yr awydd i barhau. Yn aml, mae rhywbeth yn digwydd yn ein bywydau dyddiol sy'n gwneud i ni anghofio am yr adduned, a chyn sylweddoli, rydym wedi rhoi'r gorau iddi!

Erbyn heddiw gobeithio, mae'r twrci a'r *mins peis* wedi hen ddiflannu, ac mae pawb ohonom wedi dechrau'r *deiet* newydd ar ddiwrnod cynta'r flwyddyn. Onid dyna fyddai pawb yn dymuno? Ond y cwestiwn mawr i ninnau yw: a oes gennym yr hunan-hyder a'r ymrwymiad neu'r ffydd i'w ddilyn a'i gyflawni?

A beth am y dyn bach hwnnw yn y deml a oedd wedi bod yn disgwyl am ddyfodiad y Meseia cyhyd? Sut gafodd ef yr hyder i ddisgwyl yn ffyddiog ar hyd ei oes? Trown yn ôl at yr ail bennod o Efengyl Luc i weld beth a ddigwyddodd. Dywedir yn Adnod 25, "...yr oedd dyn yn Jerwsalem o'r enw Simeon; dyn cyfiawn a duwiol oedd hwn, yn disgwyl am ddiddanwch Israel; ac yr oedd yr Ysbryd Glân arno."

Dyn oedd wedi bod yn DISGWYL dyfodiad y MESEIA oedd hwn. Dyn a oedd yn adnabod Duw'r Tad, ac wedi cael ei dywys i'r Deml o dan arweiniad yr Ysbryd Glân. Ac yn awr, dyma'r baban Iesu yn ymddangos yno gyda Mair ei fam, a Joseff ei dad bydol. Roeddent wedi dod â'r plentyn i gael ei fendithio ac i roi offrwm addas, yn ôl yr arferiad Iddewig. Yn Adnod 24, nodir bod Cyfraith yr Arglwydd yn disgwyl fel offrwm "Pâr o durturod neu ddau gyw colomen".

Gwelir mewn mannau eraill o'r Testament Newydd gyfeiriadau at golomennod fel symbol neu arwydd o heddwch a thangnefedd. Yn wir, mae'n symbol a ddefnyddir o hyd gan lawer o bobl i ddangos eu bod nhw'n ddilynwyr Crist. Mewn disgrifiad trawiadol iawn yn y bennod gyntaf o Efengyl Marc (1:10-11), gwelir yr Ysbryd Glân, "fel colomen", yn disgyn ar Iesu pan ddaeth allan o'r dŵr ar ôl cael ei fedyddio gan Ioan. Ac wedyn, clywir llais o'r nefoedd yn cyhoeddi bod Duw yn cydnabod ei Fab, ac yn ymhyfrydu ynddo. (A gwelir geiriau tebyg ym mhroffwydoliaeth Eseia 42:1).

Gwelwn fod Simeon wedi cael neges arbennig drwy'r Ysbryd Glân, ac y byddai'n cael byw i weld y Meseia. Cymerodd ef y baban i'w freichiau a bendithiodd Duw. "Yn awr yr wyt yn gollwng dy was yn rhydd, O Arglwydd, mewn tangnefedd yn unol â'th air; oherwydd mae fy llygaid wedi gweld dy iachawdwriaeth a ddarperais yng ngwydd yr holl bobloedd; goleuni i fod yn ddatguddiad i'r Cenhedloedd ac yn ogoniant i'th bobl Israel," (Adnod 29).

Mae 'Cân Simeon' neu'r *Nunc Dimittis*, yn ddarn pwysig i'r rhai ohonom sydd wedi derbyn bod Duw wedi dod i'r byd trwy ei Fab, Iesu Grist. Yn Saesneg, mae'r geiriau '*Lord, now lettest thy servant depart in peace*' wedi eu defnyddio droeon ar ddiwedd bywyd rhywun sy'n credu. A bu i'r awdur T.S. Elliot ysgrifennu *A Song for Simeon*, gan ddefnyddio thema'r digwyddiad a nodir.

Mae Simeon wedi cyflawni ei ddymuniad i gael gweld yr un bychan, a hefyd mae'n proffwydo am fywyd Iesu a'r ffaith y byddai ef a'i fam yn dioddef. Er bod bywyd Simeon yn dod i ben, roedd bywyd bydol Iesu ond ar ddechrau. Trwy Simeon mae'n bosib i ni weld y syniad o'r Drindod, oherwydd mae'n cyfeirio at y Tad, y Mab a'r Ysbryd Glân. Mae'n eu cysylltu gyda'i gilydd am y byddai Iesu'n dod â neges o ddatguddiad i'r Cenhedloedd ac yn ogoniant i'r Iddewon. Wrth edrych ar yr hanesion ym Mathew a Luc, gwelwn fod yna gydnabyddiaeth o bwysigrwydd a duwioldeb Iesu ar sawl lefel:

- gan bobl Dduwiol, drwy Simeon
- gan bobl Israel, pobl yr addewid, trwy'r bugeiliaid
- gan y Cenhedloedd, trwy'r 'gwŷr doeth' neu seryddion o'r dwyrain.

Ond sylweddolwn mai i fyd yn llawn poen a phroblemau y ganwyd Iesu. Byd lle'r oedd anghyfiawnder, anfoesoldeb, terfysgaeth, rhyfeloedd cartref, grym a phŵer Ymerodraeth o'r tu allan, diweithdra a phroblemau economaidd, a phoenydio. Problemau, yn anffodus, sy'n parhau o hyd ar draws y byd; ond yn enwedig yn yr ardaloedd cyfagos i'r man lle y bu Iesu ei hun yn byw.

Ar ddechrau blwyddyn newydd fel hyn, gofynnwn i Dduw, yn Iesu Grist, ein bendithio ninnau hefyd. Fel Simeon, gadewch i ni fod yn bobl sy'n adnabod y Gair, a bydded i'n bywydau ninnau gael eu goleuo, a chael y nerth ysbrydol i gyflawni ein haddunedau i Iesu Grist. I fod yn ffyddlon iddo, ac i garu Duw â'n gilydd, oherwydd dyna yw ei ddymuniad inni.

Trafodaeth:

❖ Beth oedd "amser eu puredigaeth yn ôl Cyfraith Moses" (Adnod 22)?

❖ A wyddom beth oedd gwaith neu swydd Simeon?

❖ A yw bendithio'r baban yn cyfateb i rai o'n traddodiadau eglwysig ni heddiw?

❖ A ydym ninnau'n gwneud addunedau; a pha mor anodd yw eu cadw?

18. **Wythnos weddi am undod Cristnogol:**

Felly, tra bydd amser gennym, gadewch i ni wneud da i bawb, ac yn enwedig i'r rhai sydd o deulu'r ffydd. (Galatiaid 6:10)

Darlleniad: Galatiaid 6: 1-10.

Myfyrdod:

Mae amser yn rywbeth rhyfedd, mae'n rhywbeth gwerthfawr ofnadwy ond nid oes unrhyw un yn gallu ei ddal, na'i roi mewn bocs nac mewn rhyw guddfan, fel *'diogell'* mewn banc. Fel y dywedodd y gwyddonydd Albert Einstein, 'mae amser yn berthnasol', h.y. mae amser yn ymwneud â phethau sy'n digwydd, neu wedi digwydd. Ac er ei wybodaeth wyddonol, nid yw dyn wedi gallu newid amser. Felly, yn ein myfyrdod, gadewch i ni wneud rhywbeth gwahanol i'r arfer.

Yn ein cymunedau eglwysig ar draws y wlad, mae gennym duedd yn aml iawn i edrych yn ôl drwy'r amser. Cofiwn y pethau melys o'n plentyndod, ac anghofiwn y pethau cas. Ambell dro, edrychwn ar sefyllfa ein heglwysi yn yr un modd.

Ar ddechrau blwyddyn newydd daw llawer ohonom at ein gilydd, o'n gwahanol draddodiadau ac enwadau, i weddïo am well cysylltiadau rhwng ein gilydd. Mewn rhai lleoedd caiff hyn ei wneud drwy *Cytûn,* neu grwpiau eglwysi rhyddion.

Gwelir yn y darlleniad (Adnod 2), y cyfarwyddid i gario beichiau ein gilydd, ac yn ddiweddarach yn Adnod 9, ceir anogaeth i beidio â blino ar wneud daioni. Mae Paul yn atgoffa'r eglwys yn Galatia o'i chyfrifoldebau, ac yn dweud wrthynt am weithio gyda'i gilydd er lles y deyrnas.

Dywed wedyn, "Felly, tra bod amser gennym, gadewch i ni wneud da i bawb, ac yn enwedig i'r rhai sydd o deulu'r ffydd," (Adnod 10). Mae'r gair *amser* yn ddiddorol, ac efallai byddai'n fuddiol i ni ei astudio am ychydig, wrth feddwl am ein bywydau ysbrydol fel unigolion.

(1). **Y bywyd a fu**:
Mae gan bawb ohonom ryw atgofion o'r gorffennol. Cofiwn chwarae gyda'n gilydd fel plant. Ydych chi'n cofio hyn? I lawer ohonom, ein

cysylltiadau cyntaf â'r eglwys oedd yr Ysgol Sul, ac wedyn Oedfa Deuluol neu Oedfa'r Plant. Cyfnod oedd hwn pan oeddem yn darganfod mwy am Iesu, ond efallai yn ansicr ar adegau wrth orfod eistedd yn llonydd am gyfnodau hir i wrando ar bregethau, nad oedd bryd hynny yn eglur i ni. Yn ein harddegau, cymerodd llawer ohonom y cam nesaf gan ddod yn llawn aelodau o'r eglwys yn ein gwahanol ffyrdd. Roedd y gwasanaeth arbennig i gofnodi'r digwyddiad yn drobwynt ym mywyd llawer ohonom.

Ac wedyn, beth nesaf? I rai, roedd ymaelodi â'r eglwys yn gyfnod ffarwelio â'r Ysgol Sul, ac i eraill yn amser i beidio â mynychu'r lle ond ar achlysuron neilltuol, megis priodas neu angladd. Eu hesgus am beidio â bod yn bobl sy'n addoli'n gyson yw, "Rydym yn rhy brysur", neu eu bod yn rhy hen i fynychu'r Ysgol Sul, neu bod eu gwaith ysgol (neu chwaraeon) yn bwysicach.

Cyfeiriodd Paul at hyn mewn llythyr arall. Dywedodd, "Pan oeddwn yn blentyn, fel plentyn yr oeddwn yn llefaru, fel plentyn yr oeddwn yn meddwl, fel plentyn yr oeddwn yn rhesymu. Ond wedi dod yn ddyn, yr wyf wedi rhoi heibio bethau'r plentyn," (1 Corinthiaid 13:11). Mae pawb yn aeddfedu yn eu bywydau fel person, a hefyd fel Cristion, felly mae'n bwysig ein bod yn gallu cydweithio o fewn a thu allan i'n heglwysi er lles y deyrnas.

(2). **Ein bywyd heddiw**:

Rhaid gofyn 'lle ydym ni fel unigolion, ac a ydym yn gwneud ein gorau i helpu gwaith yr eglwys?' Cofiwch bod Iesu wedi danfon ei ddisgyblion allan i hysbysu'r newyddion da ac i, "gyhoeddi teyrnas Dduw ac i iacháu'r cleifion," (Luc 9:2). A ydym ni'n gwneud hyn hefyd, neu a ydym bellach yn ofni gwneud pethau?

Mae ansicrwydd dyfodol rhai o'n heglwysi yn achosi pryder, rwy'n siŵr. Ond, efallai mai dyma'r cyfnod y dylem ddod yn agosach yn lleol, i helpu'n gilydd. Yn ystod yr wythnos arbennig hon, gadewch i ni weddïo gyda'n gilydd, ac i feddwl am ein gilydd mewn ffordd bositif.

(3). **Y dyfodol**:

Wrth ail edrych ar eiriau dechrau'r wers hon, sylweddolwn fod Paul a'i gyfeillion wedi profi rhai o'n profiadau cyfoes ni. Ond, fel y dywed yn Adnod 10, "...tra bydd amser gennym, gadewch inni wneud da i bawb, ac yn enwedig i'r rhai sydd o deulu'r ffydd..."

Mae'n angenrheidiol ein bod yn paratoi at y dyfodol, fel unigolion ac fel eglwysi ac yn parhau i roi'r cyfle i eraill ymuno â ni yn ein haddoliad. Cytunwn ei fod yn waith anodd, ac efallai y cawn ein siomi ar brydiau; ond yn y diwedd, mae'n werth gwneud yr ymdrech.

Mae consýrn ynglŷn â materion Iechyd a Diogelwch, ynghyd â lleihad mewn rhifau aelodaeth, yn cael eu defnyddio ambell dro i ddirwyn achos i ben. Efallai heddiw, y dylid cael consŷrn hefyd am *iechyd a diogelwch ysbrydol,* oherwydd mewn rhai lleoedd mae'n edrych yn debyg iawn mai anghof ydyw.

Wrth i ni roi diolch yn ein gweddïau am ein cyfeillion mewn eglwysi a thraddodiadau eraill, gadewch i ni hefyd roi diolch am yr holl eglwysi ar draws y byd sy'n cyhoeddi buddugoliaeth Crist.

Molwn di, molwn di'n un teulu ynghyd,
molwn di, molwn di, â'n cân dros y byd;
cydweithiwn, cydgerddwn, cydfolwn gan fyw
i roi iti'r cyfan, ein Harglwydd a'n Duw.
[CFf 627. John Gwilym Jones]

Trafodaeth:

- Faint o gydweithio sydd rhwng yr eglwysi yn eich ardal chi?
- Sut allwn ni "wneud da i bawb" (Galatiaid 6:10)?
- A ydych yn cymryd rhan mewn cydaddoliad i gofnodi'r wythnos hon?
- A yw eich eglwys chi yn paratoi am y dyfodol? Sut?

19. Cyfnod newydd:

Tir y mae'r Arglwydd eich Duw yn gofalu amdano yw hwn, a'i lygaid yn wastad arno o ddechrau blwyddyn i'w diwedd. (Deuteronomium 11:12)

Darlleniad: Deuteronomium 11: 8-21.

Myfyrdod:
Mae llyfr Deuteronomium yn cofnodi hanes Moses yn ffarwelio â'i bobl cyn iddynt gyrraedd eu gwlad newydd. Mae'n debyg ei fod yn dyddio'n ôl mor bell â 1250 CC, ac yn adrodd am ddigwyddiadau yn ystod y crwydro am 40 o flynyddoedd yn y diffeithwch. Mae'r Iddewon cynnar hyn ar fin cyrraedd '*Gwlad yr Addewid*' ond mae bywyd Moses ar fin darfod. Fel y gwyddom yn ddiweddarach ym mhennod 34, bu farw Moses cyn cyrraedd.

Ar ddechrau'r wers hon, dywedir bod Duw yn gofalu amdanom, o ddechrau blwyddyn i'w diwedd. Ac felly, ar ddechrau blwyddyn arall yn ein calendr, edrychwn ar y cyfnod cynnar hwn yn hanes yr Iddewon.

Mae enw'r llyfr (Deuteronomium) yn anodd ei ddweud, ond mae'n deillio o'r iaith Roeg, ac mae'n cofnodi ac yn disgrifio cyfnod arbennig pan dderbyniwyd y Gyfraith am yr ail dro. Dim set o gyfreithiau newydd ydynt, ond 'ail gopi' o'r rhai a dderbyniwyd yn wreiddiol gan Foses. Dywed un awdur bod y llyfr yn ail-fynegi ac yn ailgadarnhau'r *cyfamod* yn Sinai. Mae'n bosib gweld pum rhan i'r llyfr:

(1). Moses yn edrych yn ôl ar y digwyddiadau ers gadael Mynydd Sinai (Pennod 1-4);
(2). Eu hatgoffa am gyfreithiau Duw, ac yn galw arnynt i'w cadw (Pennod 5-26);
(3). Rhoi cyfarwyddyd a hyfforddiant ar sut i fyw yn y wlad newydd (Pennod 27-28);
(4). Y cyfamod arbennig rhwng y bobl â Duw (Pennod 29-30);
(5). Dewis Josua yn arweinydd a chofnodi marwolaeth Moses (Pennod 31-34).

Yn syml iawn, llyfr ydyw i ddangos patrwm sut i fyw, addoli a chydnabod yr Arglwydd, ein Duw.

Gwelwn hefyd yn y llyfr, ddarnau ysgrythurol sy'n cael eu defnyddio gan Iesu, ac eraill, yn y Testament Newydd, e.e. "Câr di yr Arglwydd dy Dduw â'th holl enaid ac â'th holl nerth," (Deuteronomium 6:5). Daeth hwn yn un o'r gorchmynion mwyaf yn ôl Iesu Grist, ac un i ninnau gadw heddiw. Gwelwn hefyd gyfeiriadau eraill yn stori temtiad Iesu, fel y cofnodir yn Luc.

Dywedodd Iesu wrth Satan yn yr anialwch, "...nad ar fara yn unig y bydd dyn fyw, [ond ar bopeth sy'n dod o enau'r Arglwydd]," (Deuteronomium 8). Ac yn ddiweddarach, aeth yn ôl at Deuteronomium 6:16 wrth ymadrodd, "peidiwch â gosod yr Arglwydd dy Dduw ar ei brawf". Gwelwn felly'r pwysigrwydd o ddarllen a gwybod y cysylltiadau rhwng yr Hen Destament a'r Testament Newydd.

Mae'r geiriau sy'n ymwneud â Duw yn rai pwysig, oherwydd maent yn rhan o'r addunedau a wnaed gan ei bobl. Ac ar ddechrau blwyddyn, cofiwn am ein haddunedau personol cyfoes ac ysbrydol.

O'r gair 'adduned' cawn y gair *addo*, a'r cwestiwn i ni yma yw: A ydym ni'n addo y byddwn yn mawrygu enw'r Arglwydd ein Duw yn ein bywydau, ac yn dilyn ei Fab? "O Dduw, rho nerth i geisio rhodio'r llwybr cul a dilyn Iesu Grist" [CFf 794. Anad].

Wrth edrych ar linell gyntaf adnod teitl y wers, gwelwn mai tir y mae Duw yn gofalu amdano yw hwn. Felly, yn ein haddunedau dechrau'r flwyddyn, dylwn wneud mwy o ymdrech i ofalu amdano a chymryd mwy o ddiddordeb yng nghyflwr yr amgylchfyd. Ym mhennod 11 o Lyfr Deuteronomium, gwelwn y datganiad bod yn rhaid i ni *'gadw pob gorchymyn'* i fod yn ddigon cryf i etifeddu'r deyrnas. Nid addoliad '*pick'n mix*' yw'r un 'rydym yn ei ddilyn, ac mae'n rhaid i ni wrando o ddifri ar orchmynion Duw (Adnod 13).

Mae Moses yn rhybuddio'u bobl yn Adnod 16, "Gwyliwch rhag ichwi gael eich arwain ar gyfeiliorn, a gwasanaethu duwiau estron a'u haddoli." Y dyddiau hyn, mae yna gymaint o ffyrdd y gellid mynd ar goll, a chymaint o 'dduwiau ffug' i ddenu pobl oddi wrth yr Arglwydd. Yn Adnod 18-21, mae'n mynd ymlaen i ddweud, "...gosodwch y geiriau hyn yn eich calon ac yn eich enaid, ... Dysgwch hwy i'ch plant, ... ysgrifennwch hwy,..." felly bu iddynt eu cadw ar gof dros y canrifoedd.

Yn syml iawn, mae geiriau Moses yn Deuteronomium yn rhoi cyfle i ni werthfawrogi yr hyn a addawodd Duw i ni. Ond ni ddaw'r stori i ben yma, oherwydd mae Moses hefyd yn ein hatgoffa am gariad Duw, ei bŵer a'i nerth, ei ddeddfau a'i orchmynion. Dylwn gadw hyn mewn cof, mewn gostyngeiddrwydd, yn ffyddlon ac mewn ufudd-dod.

Rhoddwyd i Foses y gwaith o ddod â'i deulu (y llwyth) ynghyd, a'u hyfforddi yn ffordd yr Arglwydd wrth iddynt baratoi am eu bywyd newydd yng *Ngwlad yr Addewid.* Tra ein bod yn diolch i Foses am yr arweiniad, cofiwn am y cam nesaf wrth gysylltu â Iesu Grist, a dangosir hyn yn y Llythyr at yr Hebreaid.

"Oherwydd y mae Iesu wedi ei gyfrif yn deilwng o ogoniant mwy na Moses,... a " Bu Moses yn ffyddlon yn holl dŷ Dduw fel gwas, i ddwyn tystiolaeth i'r pethau yr oedd Duw yn mynd i'w llefaru; ond y mae Crist yn ffyddlon fel Mab sydd â rheolaeth ar dŷ Dduw. A ni yw ei dŷ ef, os daliwn ein gafael yn y gobaith yr ydym yn hyderu ac yn ymffrostio ynddo," (Heb. 3:3,5,6). Rhai o'n haddunedau y flwyddyn hon felly, yw i ni ailgydio yn ein ffydd ac i wrando ar eiriau Iesu, ac ymddiried ynddo.

Cyfoethoga â'th feddyliau
ein meddyliau ni, bob un,
a sancteiddia di ein bywyd
yn dy fywyd di dy hun.
[CFf 21. Derwyn Jones]

Trafodaeth:

❖ Pam rhoddwyd y gyfraith iddynt am yr ail waith?

❖ Pam y buont yn crwydro am 40 o flynyddoedd cyn cyrraedd Gwlad yr Addewid?

❖ Beth fyddai'n digwydd i'r bobl a oedd yn byw yn y wlad newydd eisoes?

❖ Sut fath o arweinydd oedd Moses? A fu'n un effeithiol?

20. **Dydd Santes Dwynwen:**

...A'r mwyaf o'r rhain yw cariad. (1 Corinthiaid 13:13)

Darlleniad: 1 Corinthiaid 13.

Myfyrdod:

Yn ystod y blynyddoedd diwethaf, rydym wedi clywed mwy o sôn am Santes Dwynwen yng Nghymru. Cyfeirir ati yn y cyfryngau Cymreig fel 'nawddsant y cariadon', fel y mae Sant Ffolant mewn gwledydd eraill. Credir ei bod yn byw yn Oes y Seintiau, tua'r bumed ganrif, ac yn ferch hardd iawn. Yn ôl y chwedl, roedd hi'n ferch i fonheddwr llwyddiannus neu frenin un o lwythi canolbarth Cymru.

Yn ôl pob golwg, bu'n gysylltiedig â sefydlu eglwys ar un o ynysoedd de-orllewinol Ynys Môn; sef Ynys Llanddwyn. Mae ei hanes fel sawl chwedl yn un sy'n llawn hapusrwydd a thristwch, a nodir dydd ei chofio ar y 25ain o Ionawr. Yn 2009, bydd y dyddiad hwn yn disgyn ar ddydd Sul.

Nis gŵyr yn union ei llwyddiant wrth sefydlu ei heglwys a chymuned Gristnogol fechan ar yr ynys, ond heddiw, diolchwn am y rhai fel Dwynwen a fu'n allweddol wrth ddod â'r Gair i Gymru yng nghyfnod yr 'Oesoedd Tywyll'.

Wrth feddwl am ddiwrnod sy'n gysylltiedig â chariad, cofiwn fod hyn yn un o themâu mawr Iesu yn ystod ei weinidogaeth. Bu i Paul gyfeirio at yr elfen hon droeon yn ei lythyrau, a gwelwn hyn yn eglur yn y darlleniad ac yn un o'i bennodau mwyaf adnabyddus.

Yn ôl hanes y Testament Newydd, bu i Paul ymweld â Chorinth deirgwaith, a chofnodwyd dau o'i lythyron at yr eglwysi yno. Lle ar groesffordd rhwng y gorllewin a'r dwyrain oedd Corinth, yn llawn masnachwyr a phobl ag arian. Roedd yn le strategol i fyddinoedd yr Ymerodraeth Rufeinig,ac adeiladwyd caer a dinas fawreddog yno..

Erbyn heddiw, dim ond olion sydd ar ôl, ond maent yn dyst i bwysigrwydd a maint anferthol y ddinas a'i lleoliad arbennig. Mae'r dref bresennol, o'r un enw, wedi ei hadeiladu ar safle newydd ryw ddwy filltir i ffwrdd, a chyfeirir heddiw at yr hen ddinas fel Acro-Corinth.

Un o nodweddion crefyddol yr hen dref yng Nghorinth oedd y nifer o wahanol ddefodau a 'duwiau' a oedd yn cael eu haddoli yno. Cyn i Gristnogaeth wreiddio yno, bu'n le â chysylltiau agos at ddilynwyr y dduwies *Aphrodite* (duwies cariad yn ôl chwedlau'r Groegwyr, a elwir Gwener neu *Venus* gan y Rhufeiniaid).

Dywedir bod y dref neu'r ddinas yn ganolfan i ddilynwyr y dduwies hon ac roedd ei theml wedi ei hadeiladu ar ucheldir yr *acropolis* lleol. Lle'n llawn o anfoesoldeb oedd hwn, yn ôl yr hanesion; ac nid yw'n syndod bod yna rywfaint o ddadlau rhwng y bobl leol a'r Cristnogion newydd. Roedd yr eglwys a sefydlwyd yno yn llawn o bobl o bob cefndir a chenhedlaeth; â'r rhan fwyaf ohonynt wedi troi oddi wrth yr addoliad paganaidd a oedd yn nodweddiadol yno. Sylwir hefyd, bod llawer o'r aelodau wedi derbyn addysg ac yn gwybod tipyn am ddiwylliant Groeg.

Mae yna ddau beth pwysig sy'n tarddu o'r llythyr hwn:

(1). **Ansicrwydd am yr addoliad, y ffydd a'r safonau moesol**:
Ar ôl iddo ymweld â'r lle am y tro cyntaf, nodir yn y llythyr bod Paul wedi cael gwybodaeth gan rai o dŷ Chlöe (1 Corinthiaid 1:11). Roedd yna broblemau mawr rhwng rhai o'r aelodau ynglŷn â phwy oeddent yn eu dilyn, a sut oeddent yn addoli. Yn fwy difrifol efallai i Paul, oedd y sefyllfa foesol ymhlith rhan o'r eglwys. Yn 1 Corinthiaid 5:1, mae'n adrodd, "......a hwnnw'r fath anfoesoldeb na cheir mohono hyd yn oed ymhlith y paganiaid...."

(2). **Dirprwyaeth yn dod i geisio cyngor**:
Yn ychwanegol i'r neges neu lythyr a dderbyniodd, daeth dirprwyaeth i'w weld. Mae 1 Corinthiaid 16:17 yn nodi'r ymwelwyr fel Steffanas, Ffortwnatus ac Achaicus. Mae Paul yn trafod pump o'r materion ac yn rhoi ystyriaeth a chyfarwyddiadau i'r canlynol:

- rhaniadau yn yr eglwys (lle bu pleidiau yn datblygu)
- godineb rhywiol
- cwynion cyfreithiol o flaen y llysoedd a rhwng yr aelodau
- camymddwyn yn erbyn ei gilydd ac yn erbyn rhyddid Cristnogol
- dehongli materion yn ymwneud â defosiwn ac arferion eglwysig, gan gynnwys Swper yr Arglwydd.

Yn ychwanegol, mae'n siarad am fywyd priodasol neu sengl, a chyfarwyddiadau ynghlŷn â bywyd oedd wedi ei neilltuo i ffug-dduwiau, a chymdeithasu mewn temlau paganaidd. Mae hefyd yn troedio ar dir ansicr wrth siarad am rôl ac ymddygiad merched mewn oedfaon; hyfforddiant ynghylch materion ysbrydol, ac ateb cwestiynau am yr atgyfodiad. Gwelwn yn hyn, ei fod wedi delio â materion pwysig yr oes, ac efallai bod llawer ohonynt cyn bwysiced i ninnau heddiw, oherwydd nid yw'r ddynoliaeth wedi newid llawer ers y cyfnod a nodir yn y llythyr.

Un nodwedd arbennig i'w gadarnhau, o edrych ar Bennod 13 o'r llythyr, yw bod Paul yn canolbwyntio yn adnod 13 ar neges sydd wedi aros yn flaenllaw ym mywyd y Cristion. Canolbwyntiodd ar bwysigrwydd tri gair bach syml:

Ffydd:
Mae'n rhaid cael ffydd yn y Gair, fod Iesu wedi marw dros ein pechodau, ac wedi ei gyfodi gan Dduw, fel arwydd i ninnau am fyd sydd i ddod.

Gobaith:
Bod Duw yn ein gwarchod, trwy i ni fod yn ufudd iddo, ac yn gofyn am faddeuant i'n pechodau a chyffesu ein beiau o flaen Iesu, ein heiriolwr.

Cariad:
Ein bod yn cydnabod cariad Duw tuag atom, a hefyd yn cydnabod ein dyletswyddau a roddwyd i ni gan Iesu, i garu'n gilydd fel brodyr a chwiorydd. Ac fel y dywedodd Paul, hwn yw'r pwysicaf o'r tri - ac o bosib, yr anoddaf heddiw.

Trafodaeth:

❖ A oes neges i'n byd modern ni yn 1 Corinthiaid 13?

❖ A oes pwrpas i ni gofio am Santes Dwynwen heddiw? Neu a yw ond yn fodd i farchnata cardiau arbennig?

❖ Yn Adnod 12, cyfeirir at ddrych. Beth a welwn ni ynddo heddiw?

❖ Sut gall emyn Gomer (CFf 733), ein cynorthwyo i ddeall neges Paul?

21. **Duw yn noddfa**

......yn gymorth parod mewn cyfyngder." (Salm 46:1)

Darlleniad: Salm 46.

Myfyrdod:
Trown yn ôl at y Salm adnabyddus hon i'n gwers heddiw. Mae'r adnod gyntaf, sydd wedi ei nodi uchod yn dangos bod yna gysur a lloches i'w gael wrth adnabod Duw. Teimlir hefyd, o ddarllen geiriau'r Salmydd ei hun, fod y tu nôl i'r Salm ryw brofiad pendant o Dduw yn amddiffyn ei bobl. Yn ôl y geiriau a welwn, does dim amheuaeth bod Arglwydd y Lluoedd gyda'r bobl.

Ni ŵyr yn hollol beth yw cefndir y digwyddiadau, na'r amgylchiadau mae'r Salmydd yn cyfeirio ato, ond mae'n debygol ei fod yn siarad am y cyfnod lle bu byddin Senacherib yr Asyriad yn ymosod a Jerwsalem. (Priodolir ei frenhiniaeth gan rai haneswyr i'r cyfnod oddi amgylch 705-681 CC). Gwelir cofnodion i'r digwyddiadau hyn yn 2 Brenhinoedd 19.

Dywedir bod y brenin hwn wedi gorchfygu llawer o drefi Jwda, ond ni lwyddodd yn erbyn Heseceia yn Jerwsalem. Dywedir yng nghroniclau hanes ei wlad bod Senacherib a'r rhai oedd a'r ôl o'i fyddin wedi dychwelid i Ninefe, prif ddinas Asyria; ond bu iddo gael ei lofruddio gan aelodau o'i deulu.

Os son am y frwydr am Jerwsalem mae'r Salmydd yn ei wneud, sylweddolwn o'r adroddiadau yn 2 Brenhinoedd bod rhywbeth ofnadwy wedi digwydd i fyddin yr Asyriaid, a bod nifer fawr ohonynt wedi marw yn ystod y nos. Mae'r Salmydd yn llawenhau ei fod ef (a'i gyfeillion) wedi ei hachub, ac maent yn clodfori enw Duw sydd mor bwerus. Tybier bod pobl Jerwsalem wedi ail sefydlu ei hunanhyder oherwydd y digwyddiadau hyn, ac nid oeddent bellach yn ofni unrhyw beth, a dywedant fod dyfodol Seion yn saff!

Wrth edrych ar y Salm mae'n bosib i'w thorri i fyny yn syml i dri darn:

(1). **Profiad o wybod bod Duw yn noddfa iddynt**. (Adn.1-3).

Mae'n son yn arbennig am ei brofiadau eu hun, a gwelir rhai awgrymiadau ei fod y llygad dyst i'r ymladd am ddinas Jerwsalem. Oherwydd beth a ddigwyddodd, mae'r bobl yn cydnabod cryfder Duw, sy'n amddiffynfa gadarn iddynt, ac mae'n fwy na thebyg bod y Salm wedi ei hysgrifennu i gofnodi hyn. O'r disgrifiadau am y mynyddoedd, y tir a'r môr, sylweddolwn fod effaith daeargryn cryf yn rhywbeth oedd o fewn eu profiad.

(2). **Eu bod nhw wedi cael eu gwaredu**. (Adn.4-7).
Hyfryd yw'r disgrifiad o'r afon fywiog yn rhoi bywyd i'r ddinas; a sylwn fod geiriau'r adnod wedi ei throsglwyddo i fod yn emyn, neu fawlgan yn y Gymraeg. Mae'r afon, a'i bywyd, efallai yn cyfeirio at y modd mae Duw wedi rhoi bywyd yn ôl i'r ddinas a'i phobl, pan oedd pethau'n edrych fel petai'r gelyn yn eu gorchfygu. Mae'n arwyddocaol hefyd, oherwydd cysylltiad y deml a Jerwsalem, ei bod yn ddinas sanctaidd. Os byddai wedi ei gorchfygu, beth fyddai wedi digwydd i Arch y Cyfamod? Dywedodd un awdur am y digwyddiad "Beth bynnag yr ydym ni bobl y ddaear hon yn gallu gwneud i'n gilydd, mae yna loches i'r gwir gredinwyr yn ei ddinas ef". Ac felly y bu yn Jerwsalem hefyd. Mae'r cyfeiriad at daran, efallai yn cysylltu â'r modd y gwnaeth Duw barlysu'r gelyn, a'u cynlluniau i orchfygu'r ddinas. Cydnabyddir yn Adn7 bod "...Arglwydd y Lluoedd gyda ni, Duw Jacob yn gaer i ni..." Nid oedd angen dim mwy na hyn i'r Salmydd.

(3). **Bod y waredigaeth yn dod yn broffwydoliaeth o Arglwyddiaeth Duw dros y cenhedloedd i gyd.** (Adn.8-11).
Yn y cyfnod hwn, un o'r geiriau y galwyd Duw oedd 'Jehofa', oherwydd roedd y bobl yn ofni defnyddio ei enw cywir. Gelwid hefyd yn 'Dduw Lluoedd Israel'. Mae'r cyfnod ar ôl methiant ymosodiad Senacherib yn galluogi Heseceia (brenin Jwda) i baratoi amddiffynfa fwy cadarn, a diogel iddynt. Nodir yn yr adnodau hyn bod cryfder Duw yn "ddyrchafedig ar y ddaear."

Drwy'r Salm mae'r thema o gael eu hachub yn seinio allan. Mae'n cyhoeddi proclamasiwn mewn ffordd, i'r cenhedloedd eraill lleol i beidio ymosod ar y ddinas, oherwydd bod Duw yn eu gwarchod. Disgrifir Duw yma fel un uwch ben pob cenedl, ac yn yr holl nefoedd. Cyfeiriad arall i newid yn eu ffordd o addoli, yw'r gydnabyddiaeth bod Duw uwch pob duw a defod arall. 'Distawodd llais Duw' medd y Salmydd, a thybier ei fod yn cyfeirio at y cyfnod o dawelwch ar ôl y gyflafan.

Dywedir rhai awduron bod y Salm hon wedi bod yn gysur mawr i Martin Luther, tad y diwygiad Protestannaidd yn ystod yr Oesoedd Canol, ac yn ddiweddarach i'r emynydd John Wesley ar ddiwedd ei oes. Wrth i ni edrych arni gyda llygaid newydd, tybiwn ei bod mor gryf ac y bu yn wreiddiol. Mae ynddi eirfa grefftus ac addas i ddisgrifio pŵer a chariad y Goruchaf tuag at ei bobl. Mae'n amddiffynfa bwerus, a ni fu i'r gelyn ei drechu.

Bu i Bantycelyn ysgrifennu lawer o emynau yn ymwneud a noddfa mewn trafferthion, Er nad yw hon yng Nghaneuon Ffydd, mae'n werth edrych ar eiriau'r pennill cyntaf, a welir yn *Y Llawlyfr Moliant Newydd* (Undeb Bedyddwyr Cymru, 1956):

> Atat, Arglwydd, tro fy wyneb,
> Ti yw f'unig noddfa lawn,
> Pan fo cyfyngderau'n gwasgu -
> Cyfyngderau trymion iawn;
> Dal fi fyny 'ngrym y tonnau,
> Does ond dychryn ar bob llaw;
> Rho dy help, Dywysog bywyd,
> I gael glanio'r ochr draw.
>
> [Ll.MN. 612. William Williams]

Trafodaeth:

❖ Yn y blynyddoedd diwethaf gwelwyd enghreifftiau o ddigwyddiadau naturiol (fel y disgrifiwyd yn Adn 2-3). A yw Duw yn noddfa ac yn nerth yn yr amgylchiadau hyn?

❖ Lle mae 'preswylfa sanctaidd y Goruchaf' heddiw ? (Adn 4).

❖ Mae'r geiriau yn Adn 9 yn her i Lywodraethwyr ein gwledydd. A yw'n bosib gwneud beth a ddisgrifir?

❖ Beth yw ein noddfa a'n nerth ni yn ein heglwysi heddiw?

22. **Adolygu - Dwy ffordd i fyw:**

Pwy bynnag sy'n credu yn y Mab mae bywyd tragwyddol ganddo ... Ioan 3:36

Darlleniad: Ioan 3: 22-36.

Myfyrdod:
Yn y wers hon, down at ddiwedd yr ail dymor, gan gofnodi bod y Gaeaf ar ben, a gobeithio bod y Gwanwyn yn agosáu. Awn yn gyntaf at Efengyl Ioan ac i'r drydedd bennod. Yn hwn gwelir efallai'r adnod fwyaf adnabyddus yn y Testament Newydd (Adn. 16) sy'n cofnodi bod Duw wedi caru'r byd sut gymaint iddo roi ei unig Fab, i'r rhai sy'n credu ynddo gael bywyd tragwyddol.

Gan synhwyro pwysigrwydd y geiriau uchod, canolbwyntiwn heddiw ar y darn sydd ar ddiwedd y bennod. Mae'n cysylltu â'r darnau cynt, ac yn dilyn yr un thema. Mae hefyd yn cyflwyno bod digofaint Duw (yn Saesneg *wrath, anger, indignation*) yn dod ar draws y rhai sy'n mynd yn anufudd iddo. Mae hyn yn gwneud i ni feddwl bod gan y rhai sy'n dod i sylwi ar Dduw, trwy Iesu Grist yn cael y dewis o ddwy ffordd i fyw: sef gydag ef, neu yn ei erbyn. Edrychwn felly ar beth yw ystyr bod yn Gristion?

Yn Efengyl Ioan, efallai yn fwy na'r tri arall, gwelwn syniadau yn cael ei datblygu, yn enwedig wrth gysylltu bod Iesu mewn ffordd arbennig yn ffynhonnell unigryw i'r bywyd ysbrydol. Yn ôl y Parchg Peter Hicks, "Yr Iesu yw ffwlcrwm i bleser a digofaint ein Tad Nefol". Ynddo ef, ac ef yn unig, mae gennym ddewis ar ba ffordd i droi. Mae Ioan felly yn datgan bod Iesu'n rhoi bywyd newydd i ni, pan dderbyniwn ei awdurdod ar ein bywydau. Y cwestiwn i ni felly, fan hyn, yw gofyn a allwn ni ddweud fod gennym fywyd tragwyddol? A beth mae hyn yn ei feddwl i ni heddiw?

Mae Paul yn ymddangos fel ei fod ef hefyd yn dilyn y syniad yma. Dywedir "...prawf Duw o'r cariad sydd ganddo tuag atom ni yw bod Crist wedi marw drosom pan oeddem yn dal yn bechaduriaid. A ninnau yn awr wedi ein cyfiawnhau trwy ei waed ef, y mae'n sicrach fyth y cawn ein hachub trwyddo ef rhag y digofaint." (Rhufeiniaid 5: 8-9). Gwelir y gair 'digofaint' yn ymddangos yma hefyd. Oherwydd bod Ioan wedi ysgrifennu ei Efengyl tua 30 o flynyddoedd a'r ôl i Paul ddanfon ei lythyr, mae'n bosib bod y syniadau yma wedi datblygu yn helaeth ymysg yr eglwysi cynnar.

Mae Paul yn cadarnhau beth wnaeth Iesu wneud ar ein rhan, tra oeddem o hyd yn bechaduriaid. Bu i Iesu gael ei gondemnio oherwydd bod pobl bechadurus yn amharod i ddod 'nôl at Dduw, ond cafwyd rhyddhad drwy ei farwolaeth ar y Groes. Ond beth yw sail y sicrwydd yma? Tybiwn fod y bywyd tragwyddol yn sicr oherwydd cyfiawnhad y croeshoeliad.

Dal fi, fy Nuw, dal fi i'r lan,
'n enwedig dal fi lle 'rwy'n wan;
dal fi yn gryf nes mynd i maes
o'r byd sy'n llawn o bechod cas.
[CFf 687. William Williams]

"Trwy ras yr ydych wedi eich achub, trwy ffydd. Nid eich gwaith chwi yw hyn, rhodd Duw ydyw; nid yw'n dibynnu ar weithredoedd, ac felly ni all neb ymffrostio..." (Effesiaid 2: 8-9). Gwelwn eto, gan Paul, bod natur yr iachawdwriaeth yma yn seiliedig ar faddeuant a'r bywyd newydd. Ar un adeg roeddem fel pobl mewn 'marwolaeth trwy bechod', yn dilyn ffyrdd y byd.

I'r Cristion, mae pethau wedi newid, oherwydd cawsom fywyd unwaith eto, a 'gosodwyd i ni eistedd gydag Ef yn y nefoedd'. Mi ydym bellach wedi ein hail eni, a'n creu yng Nghrist i fywyd o weithredoedd da. Os cytunwn a hyn, teimlir ein bod ni wedi ein hachub drwy ras; a dim oherwydd ein gallu ni, ond trwy ddawn Duw.

Pa ffordd felly i iachawdwriaeth? Nid yw'n dibynnu ar weithredoedd yn unig, ond trwy ffydd. Teimlir mai hyn hyd yn oed yn fwy na chael maddeuant. "A chwithau, wedi ichwi gredu ynddo, gosodwyd arnoch yng Nghrist sêl yr Ysbryd Glân, yr hwn oedd wedi ei addo..." (Effesiaid 1:13). Felly, sylweddolwn fod hyn yn fywyd newydd. Mae'r Ysbryd Glân wedi gwneud yr hen fywyd i ddiflannu, a gallwn ddechrau unwaith eto gyda'r bywyd newydd. Wrth wneud hyn, mae Duw yn ein newid ni, fel person.

Ond nid yw'r bywyd Cristnogol yn darfod yma. Teimlwn fod Duw yn disgwyl i ni dyfu yn ein ffydd, ac yn parhau i ddatblygu. Nid unigolion wedi ein hachub ydym, ond aelodau o'r teulu arbennig a ddaeth drwy Iesu Grist. Rhaid i ni hefyd ddysgu, a datblygu. Dywed Paul, "Y mae pob Ysgrythur wedi ei hysbrydoli gan Dduw ac yn fuddiol i hyfforddi, a cheryddu, a chywiro, a disgyblu mewn cyfiawnder. Felly darperir pob un sy'n perthyn i Dduw â chyflawn ddarpariaeth ar gyfer pob math o weithredoedd da." (2 Timotheus 3: 16-17). Gallwn dyfu drwy ddarllen a defnyddio'r Beibl; ond mae'n angenrheidiol i ni helpu ein gilydd i ddeall beth sydd ynddo.

Nid y bywyd Cristnogol yw crefydd, ond y berthynas yr ydym ni yn cael efo Duw, ac ef gyda ni. Yn Mathew 5 (*Pregeth ar y Mynydd*) sylweddolwn mai Duw yw 'Ein Tad', ac mae gweddi yn ddyletswydd, er ei bod yn gallu bod yn anodd. Ac yng nghyfnod *cywirdeb politicaidd* sut allwn ni fel eglwys Duw berthyn i'r byd tu allan?

Beth bynnag yw'r teimlad am fynd a'r Gair allan i'r bobl, mae efengylu yn angenrheidiol i'r gwir Gristion. "Yr ydych chwi yn hil etholedig, yn offeiriadaeth frenhinol, yn genedl sanctaidd, yn bobl o'r eiddo Duw ei hun, i hysbysu gweithredoedd ardderchog yr Un a'ch galwodd chwi allan o dywyllwch i'w ryfeddol oleuni ef..." (1 Pedr 2: 9).

Ac yn olaf, mae hyn i gyd yn cymryd nerth a hyder. Mae hefyd yn gofyn am lawer o hunanaberth. Medd Paul ar hyn: "Byddwch yn debyg i'r hyn wyf fi; yr wyf fi'n ceisio boddhau pawb ym mhob peth, heb geisio fy lles fy hun, ond lles y lliaws, iddynt gael eu hachub." (1 Corinthiaid 10: 33).

Trafodaeth:

❖ A allwch chi ddisgrifio cariad Duw, mewn geiriau syml?

❖ Sut gall pechadur gael maddeuant a'r bywyd tragwyddol heddiw?

❖ A ydym yn ofni'r 'Efengylu' ? A yw'n bosib ei wneud yn ein hardaloedd heddiw?

❖ Sut gall digofaint Duw gael ei ddangos?

Tymor y Gwanwyn

23. **Duw yn tosturio:**

"...... a gosodaf hwy eto yn eu cartrefi," medd yr Arglwydd. (Hosea 11:11)

Darlleniad: Hosea 11: 1-12.

Myfyrdod:
Geiriau o lyfr y proffwyd Hosea sy'n dechrau'r tymor yma. Roedd y dyn hwn yn un o broffwydi'r Hen Destament, a chredir ei fod yn byw tua'r un cyfnod â'r proffwyd Eseia, yn yr wythfed ganrif cyn Crist. Yn wahanol i Eseia, un o'r gogledd oedd hwn, ac felly roedd ei neges yn arbennig i wlad Israel. Cofiwch yn y dyddiau hynny roedd yr ardal yn cael ei gyfri yn ddwy wlad ar wahân, gyda Jwda yn y rhan deheuol.

Credir bod Hosea wedi bod yn proffwydo ar ddiwedd cyfnod teyrnasiad Jeroboam yr Ail, y brenin cryf olaf yn Israel. Yn ôl hanes, tybier ei fod wedi proffwydo am dros 40 o flynyddoedd; o bosib hyd nes y cyfnod pan gipiwyd Samaria gan yr Asyriaid, tua'r flwyddyn 722 CC. O'r hyn a welwn yn y Beibl, roedd y proffwyd yma'n caru ei bobl yn fawr iawn, ond roedd yn poeni'n fawr am eu cyflwr *moesol* a *chrefyddol*. Tystiai bod y bobl wedi troi eu cefnau ar Dduw, a llawer ohonynt wedi dychwelyd i addoli ffug-dduwiau'r Canaanead (fel Baal).

Dywedir bod llwyddiant y wlad wedi darfod pan fu farw'r brenin, Jeroboam II, tua 753 CC. Bu i'r economi lwyddiannus golli gafael a chwalodd eu system boliticaidd. (Yn ôl yr hyn a ddeallwn heddiw, ail-adroddwyd yr hanes droeon yn yr ardal yn ystod y tair mil o flynyddoedd diwethaf). Nid yw'n syndod felly, bod sawl un wedi proffwydo y byddai'r wlad yn cael ei dinistrio, a phobl estron yn dod i feddiannu eu tir oni bai y byddent yn newid eu ffyrdd. Gwelir y proffwydi'n rhybuddio y byddai hyn yn digwydd oni byddai'r bobl yn:

- edifarhau a gofyn am faddeuant gan Dduw.
- troi yn ôl at yr Arglwydd.
- ymwrthod â ffug-addoliad.

- addoli Duw'r Tad, sef Duw'r Creawdwr yn unig.

Rhywfaint o hanes personol Hosea:
Credir bod ei brofiad personol wedi ei baratoi i sylweddoli sut oedd Duw yn caru pobl Israel pob amser, hyd yn oed pan oedd rhai ohonynt yn mynd yn ei erbyn. Mae'n debyg ei fod yn ŵr priod, a bu iddo ef a Gomer ei wraig gael tri o blant. Yn anffodus, digwyddodd rhywbeth yn y berthynas a bu i Gomer redeg i ffwrdd oddi wrtho.

Ni fu perthynas newydd Gomer yn un llwyddiannus, a deallwn fod Hosea wedi mynd i chwilio amdani a'i chymryd yn ôl. Mae'n bosib ei fod ef hefyd wedi bod yn un anodd byw gydag ef, oherwydd yr holl broffwydo a'r amser a roddai i Dduw, a'r amser i ffwrdd oddi wrth y teulu. Ni wyddwn beth oedd y rhesymau am y problemau hyn. Efallai eu bod yn dangos inni nad rhywbeth newydd yw'r pwysau a welir yn aml ar berthynas briodasol y dyddiau hyn. Am iddo fynd i chwilio am ei wraig, gwelwn fod Hosea yn ddyn a oedd yn caru ei deulu, beth bynnag yr amgylchiadau.

Diwinyddiaeth a chryfder y proffwyd:
Mae Hosea'n ymddangos fel petai yn pwysleisio'n fawr y *cyfamod* rhwng Duw ac Israel. Teimlir bod rhwystrau naturiol a milwrol y cyfnod yn dangos bod y wlad yn cael ei chosbi am y pethau drwg a fu'n mynd ymlaen. Hefyd, roeddent yn cael eu hatgoffa o'u cyfrifioldebau ynghylch y cyfamod arbennig.

Yn ei ysgrif, gwelwn hanes dyfodiad yr Asyriaid o'r gogledd, ac yn cadarnhau bod Duw yn anhapus gyda'i bobl. Synhwyrwn fod Duw yn teimlo nad oedd ei bobl bellach yn ei garu: "Y mae fy mhobl yn mynnu cilio oddi wrthyf; er iddynt alw ar dduw goruchel, ni fydd yn eu dyrchafu o gwbl," (Hosea 11:7). Gwelir yn Hosea bod y bobl wedi gadael ffordd cyfiawnder ac wedi mynd ar goll. Roeddent yn ymwrthod, a dywedodd Duw, "dyna ddigon."

Ni fu Israel ddigon call i ddeall nac i ymateb i'r ffaith eu bod yn ymbellhau oddi wrth Duw ei hun. Dengys Hosea yn y penodau cynt, bod addoliad cyhoeddus mwy neu lai wedi dod i ben. Yn ôl y proffwyd, byddai'n rhaid anfon y bobl i ffwrdd ymhell o'u cartrefi, ymhell oddi wrth eu ffug-dduwiau, os oeddent am gael eu hachub. Roedd Hosea, fel llawer o'r proffwydi, yn cyhoeddi bod rhaid iddynt ddioddef cyn iddynt sylweddoli eu cyflwr.

Yr unig ddyfodol i Israel felly, oedd y gaethglud; lle y byddent yn gorfod bod yn dlawd, ac yn dioddef, cyn iddynt deimlo angen Duw unwaith eto. A byddai'n rhaid iddynt droi yn ôl, yn wir edifeiriol, ac ail gydio yn y berthynas arbennig honno a fyddai'n parhau.

Efallai bod Hosea yn gweld y boen yr oedd Duw yn ei deimlo wrth iddo feddwl am ei bobl. Byddai hyn yn cael ei amlygu ymhellach yn y dyfodol yn nyfodiad dwyfol, digofaint a marwolaeth ei Fab Iesu Grist. Hyn fyddai'r modd i alluogi'r bobl i gael eu ffordd yn ôl ato, mewn gwir Gymundeb â Duw, er y byddai'n cymryd dros 600 o flynyddoedd i'w gyflawni i ddisgynyddion rhai ohonynt.

Synhwyrwn i Israel droi'n ôl at ffug-addoliad, ar iddo frifo Duw yn fawr iawn. Gwelwn yn Llyfr Hosea, sut y datblygodd y broblem, ac eto roedd Duw yn parhau i'w caru, ac yn ceisio ffyrdd iddynt ddod yn ôl ato. Efallai, fel ag yr oedd Hosea ei hun wedi teimlo colled ei wraig wrth iddi droi ei chefn arno, bod disgrifiadau o'r datguddiad yn nheimladau ein Tad Nefol yn yr adnodau, ac yn dod o'r galon. Mae hyn i raddau helaeth yn gwneud y llyfr yma'n unigryw.

Ymateb Duw i'r sefyllfa:
Er iddo fod yn anhapus â'i bobl, penderfynodd Duw i beidio â'u dinistrio. "Ni chyflawnaf angerdd fy llid, ni ddinistriaf ...canys Duw wyf fi ...ac ni ddof i ddinistrio." (Hosea 11:9). Roedd Duw wedi dangos ei bŵer i ddinistrio (fel yn Sodom, Gomorra, Adma, a Seboim), ond nid oedd am wneud hyn. Gwelwn hefyd yn naearyddiaeth yr ardal mai gwlad fechan oedd Israel, ac roedd hi'n hawdd iawn i fyddinoedd cryf Asyria a Babilon ddod at ei gororau yn gyflym, ac yn nerthol.

Dewisodd iddynt gael eu symud allan o'u gwlad (noder hanesion yn Llyfrau'r Brenhinoedd a'r Cronicl). Ar ôl cyfnod i ffwrdd gadawodd i'r bobl ddychwelyd, wedi iddynt sylweddoli'r niwed roeddent wedi ei wneud, ac ar ôl cyfnod o fyfyrio a gofyn am edifeirwch.

Ein sefyllfa ni heddiw:
Mewn ffordd, rydym yn gweld tebygrwydd yn ein gwlad heddiw i gyfnod Hosea. Mae'r cenhedloedd a ddaeth i adnabod Duw'r Tad, drwy Iesu Grist, unwaith eto'n troi eu cefnau.

Dylwn edrych ar eiriau'r proffwyd i'n hatgoffa o'r hyn a allai ddigwydd petaent yn parhau i ymwrthod. Ond, cofiwn hefyd ei air o obaith drwy'r proffwyd: "......ac ni ddof i ddinistrio ....a gosodaf hwy eto yn eu cartrefi, medd yr Arglwydd,"(Hosea 11: 9-10).

O'th flaen, O Dduw, 'rwy'n dyfod
gan sefyll o hirbell;
pechadur yw fy enw,
ni feddaf enw gwell;
trugaredd 'rwy'n ei cheisio,
a'i cheisio eto wnaf,
trugaredd imi dyro,
'rwy'n marw onis caf.
[CFf 175. Thomas William]

Trafodaeth:

❖ Yn Adnod 5, dywedir bod Duw am ddanfon y bobl i Asyria. Pam nid i'r Aifft?

❖ A ydym yn gweld teimlad Duw yn Adnod 7?

❖ Edrychwch ar yr emyn a gyfieithwyd gan J.R. Jones (CFf 216). A yw'r emyn yn adlewyrchu'r hyn a ddywed Hosea?

❖ Pa neges sydd i ni yn y bennod hon?

24. **Cyfnod Paratoi:**

Fe welwch felly mai trwy weithredoedd y mae rhywun yn cael ei gyfiawnhau, ac nid trwy ffydd yn unig. (Iago 2:24)

Darlleniad: Llythr Iago 2: 14-26.

Myfyrdod:
Un o lythyrau bychan y Testament Newydd yw hwn, ond mae'n dangos pa mor helaeth oedd y cyfathrebu a fodolai rhwng arweinwyr Cristnogol yr eglwysi cynnar.

Cofiwch pa mor wahanol oedd hi yn ystod y cyfnod hwnnw, dim ffôn symudol, dim cyfrifiadur a'r we fyd-eang, dim hyd yn oed swyddfa bost. Mewn ffordd, deuthum yn gwbl ddibynnol ar dechnoleg i gyfathrebu heddiw. Yng nghyfnod y Testament Newydd roedd danfon a derbyn llythyr yn dipyn o gamp. Byddai yna broblemau oherwydd y pellter, o gael gafael ar rywun a oedd yn gallu ysgrifennu a darllen, i gael rhywun dibynnol i'w gario, a sicrhau ei fod yn cyrraedd pen draw'r daith!

Ond beth am yr un a ysgrifennodd y llythyr? Pwy oedd e, ac un o ble ydoedd? Yn y Testament Newydd down ar draws pedwar gŵr a chanddynt yr un enw:

- mae Luc yn cofnodi dwy res o ddisgyblion, ac yno gwelwn Jwdas, mab Iago.
- cyfeiria Mathew at ddisgybl o'r enw Iago, mab Alffeus.
- gwelwn hefyd Iago mab Sebedeus, a ddaeth yn ail i Pedr, yn un o'r rhestrau.
- Iago a gofnodwyd yn 'frawd' i Iesu.

Hanes Iago:
Yn ôl pob tebyg, y diwethaf sef perthyn agos i'r Arglwydd sy'n debygol o fod yn gysylltiedig â'r llythyr hwn. Yn Efengyl Marc 6: 3, disgrifir Iesu fel, "Onid hwn yw'r saer, mab Mair a brawd Iago a Joses a Jwdas a

Simon? Ac onid yw ei chwiorydd yma gyda ni?" Gwelwn gyfeiriadau ato hefyd yn Mathew 13, a Paul yn siarad amdano yn Actau 1 a 2.

Yn y Testament Newydd mae yna sawl cyfeiriad nad oedd aelodau o deulu Iesu wedi credu ynddo am amser maith, ac o bosib yn anhapus o fod yn gysylltiedig ag ef. Ond eto, yn 1 Corinthiaid 15: 7, dywed Paul am y rhai a oedd wedi gweld Iesu ar ôl yr atgyfodiad, "Yna ymddangosodd i Iago, yna i'r holl apostolion." Synhwyrwn o hyn, bod y teulu wedi derbyn Iesu a bod cofnod o'i ymddangosiad i Iago, ei frawd, yn bwysig.

Ymddengys bod y Iago sydd o dan sylw, wedi dod yn un o benaethiaid yr eglwys foreol yn Jerwsalem. Yno, bu'n gweithio hyd ddiwedd ei oes, tra'r oedd y mwyafrif o'r apostolion yn crwydro'r byd yn cyhoeddi'r Newyddion Da. Mae Iago, Pedr ac Ioan yn cael eu disgrifio gan Paul fel 'colofnau' am eu bod yn cynnal yr eglwys foreol. Yn yr Actau, gwelwn fod Iago, ar un amser, yn bennaeth yr eglwys yn Jerwsalem.

Mae'n amlwg wrth edrych ar y Testament Newydd fod yna rywfaint o densiwn rhwng yr arweinwyr. Mae Iago yn cael ei ddisgrifio fel un sy'n cadw at y cysylltiadau Iddewig, ond eto yn derbyn ei frawd fel y Meseia. Mae yna gysylltiad tebyg o hyd o fewn un grŵp Iddewig. Yn ôl yr hanesydd Josephus, credir bod Iago a grŵp o Gristnogion eraill wedi eu merthyru tua 61 neu 62 OC.

Gwahaniaeth rhwng dysgeidiaeth Iago a Paul:

Mae yna un peth pwysig sy'n dod allan o'r llythyr hwn, sef y gwahaniaeth rhwng Iago a Paul yn ei diwinyddiaeth. Mae Paul o'r farn bod ffydd yn holl bwysig i iachawdwriaeth. Ond mae Iago'n mynd ymhellach, ac yn dweud bod angen gweithredoedd hefyd. Bu i hyn achosi rhywfaint o anghydfod i'r tadau Cristnogol, ac ni dderbyniwyd Llythyr Iago gan bawb hyd y bedwaredd ganrif, pan gafodd y Testament Newydd ei awdurdodi.

Gwelwn yn y llythyr lawer mwy o gyfeiriadau at effaith Iddewiaeth ar yr eglwys foreol, nag sydd yn dod o waith Paul. Sylweddolwn fod Paul wedi dechrau o'r newydd, ac wedi troi o'i hen gysylltiadau. Ond yn Iago, gwelwn y datblygiadau naturiol o Iddewiaeth sy'n canfod y Meseia a ddisgwyliwyd. Mae'r cysylltiad ar ddatblygu Iddewiaeth yn rhedeg drwy'r llythyr; ac efallai, mai dyna pam y bu anghydfod cyhyd.

Gwelwn fod Iago yn credu ei bod hi'n hanfodol bod pob Cristion yn dilyn Iesu trwy ffydd, ac yn gweithredu'n iawn, ac yn byw bywyd sy'n weddus i'r eglwys. Creda Iago mewn cyfiawnder cymdeithasol, a bod pawb i gael eu cyfri'n werthfawr. Dywedir hefyd ei fod yn poeni bod y tlawd a'r cyfoethog ymhell oddi wrth ei gilydd, ac nid yw cyfoeth yn gwneud unrhyw wahaniacth i rywun gael ei dderbyn yn Gristion. Mae Iago'n dangos, trwy Grist, bod pawb yn cael eu cyfri'r un fath. Mae dysgeidiaeth Iago'n cael ei selio ar y canlynol:

- bod yn rhaid i ni gyd-fyw fel Cristnogion drwy'r amser.
- nid yw'n deilwng i'r Cristion fyw yn ddau wynebog. (Dim *'safonau dwbl'*)
- rhaid i'r Cristion ddilyn canllawiau'r Beibl.
- cyfiawnder i bawb.
- iachau'r gwan a'r methedig yn enw Iesu Grist.

O'r uchod, gwelwn fod Iago wedi gweithio'n galed i ddatblygu'r ffydd ymhlith yr Iddewon a'u cartrefi, tra bod eraill yn cenhadu y tu allan, yn enwedig i'r cenhedloedd. Roedd yn ddyn ymarferol, ac felly'n hybu y dylai pawb fod yn barod i weithio tuag at ledaenu'r deyrnas. Nid oedd yn ddigon iddo ef fyw drwy ffydd a gweddi yn unig, roedd yn rhaid iddo fod yn gwneud gwahaniaeth i sefyllfa'r bobl a'r modd yr oeddent yn byw o ddydd i ddydd.

Trafodaeth:

❖ A ydych chi'n cytuno â Iago, ei bod hi'n angenrheidiol gwneud gwaith yn enw Iesu?

❖ Pa mor beryglus oedd hi i Iago a'i gyfeillion ddatblygu'r eglwys yn Jerwsalem?

❖ A oedd Iago yn ceisio creu cymuned Gristnogol 'sosialaidd'?

❖ A ydych chi'n gwybod unrhyw beth am Iddewon sy'n derbyn Iesu'r Meseia? (Grŵp bychan sy'n byw yn Israel a thu allan, a ddisgrifir yn Saesneg fel, *Mesianic Jews*).

25. Dydd Gŵyl Dewi:

"Byddwch lawen a chedwch eich ffydd a'ch cred. A gwnewch y pethau bychain a glywsoch ac a weloch gennyf fi ...". (Dewi Sant)

Darlleniad: Caneuon Ffydd: Emyn 827, 831, 832 neu 842.

Myfyrdod:
Dyma ddydd arall y seintiau. Ar y 1af Mawrth, sy'n disgyn ar y Sul yn 2009, cofir am Dewi, sef nawddsant Cymru, a gafodd ei ddyrchafu yr uchaf o blith seintiau ein cenedl.

Cefndir Dewi:
Credir ei fod yn fab i Non a'r brenin Sanct (mab Ceredig, yr hwn a sefydlodd yr ardal a adnabyddir heddiw fel Ceredigion). Mae'r hanesion am ei enedigaeth a'i blentyndod wedi disgyn i'r hen chwedlau, ac ni wyddom rhyw lawer am ei ddyddiau cynnar. Yn wir, ni ysgrifennwyd ei hanes am sawl canrif, ac felly, tybir bod yna rywfaint o ddyfalu wedi bod dros y canrifoedd. Dywedir bod ei hanes, a welir ym *Muchedd Dewi* gan Rhygyfarch, wedi ei ysgrifennu yn yr 11eg ganrif. A nodir gan rai bod Rhygyfarch, mab Esgob Tŷ Ddewi, wedi ei ysgrifennu i nodi'r ffaith bod yr eglwys yng Nghymru yn dymuno cael annibyniaeth unwaith eto, ar ôl dyfodiad y Normaniaid i Brydain yn 1066.

Mae'r hanes wedi ei ysgrifennu rhyw bum canrif ar ôl i Ddewi farw, ac mae'n gynnwys llawer o gyfeiriadau at weithiau'r mynachod yn Nhŷ Ddewi, yn nodi hanes eu cyn-abad a'u hesgob. Wedi ei eni yn sir Benfro, credir i Dewi dderbyn ei addysg yn Hendy-Gwyn-ar-Dâf, Sir Gaerfyrddin, dan law Peulun (*Saint Paulinus of Wales*). Daeth Dewi yn athro ac yn bregethwr a bu iddo sefydlu sawl canolfan a mynachlog yng Nghymru, Cernyw a Llydaw. Dyrchafwyd ef yn esgob, a bu i'r gadeirlan yn Nhŷ Ddewi gael ei adeiladu ar safle'r fynachlog wreiddiol, yng Nglyn Rhosyn. Dywedir bod Dewi wedi bod yn ddyn duwiol ac addolgar. Roedd yn byw bywyd syml iawn, ac yn dysgu ei ddilynwyr i fod yn llysieuwyr, ac yn ddirwestol. Credai mewn gwaith caled, ac ni adawai i'w mynachod defnyddio anifeiliaid i aredig y tir, roedd yn rhaid iddynt wneud y gwaith eu hunain! Roedd hefyd yn pwysleisio bod yn weddigar. Yn ôl yr hanes, aeth Dewi ar bererindod i Jerwsalem (lle cafodd ei wneud yn esgob gan y Patriarch yno), a hefyd i Rufain.

Cristion arbennig:
Mae yna sawl gwyrth wedi eu cofnodi ym mywyd Dewi, ac efallai'r un mwyaf adnabyddus yw'r hanes o'r gymanfa eglwysig (*synod*) yn Llanddewi Brefi, Ceredigion (tua 560 O.C.). Adroddir bod yna gymaint o bobl yno, nad oeddent yn gallu ei weld na'i glywed; ond yn sydyn, cododd y tir lle'r oedd yn sefyll a bu i bawb ei glywed. Mewn lluniau cyntefig, gwelir colomen ar ysgwydd Dewi. Cysylltir Dewi hefyd â'r gymanfa eglwysig yng Nghaerllion (tua 569 O.C.). Bu'r ddau gyfarfod yn dadlau'n frwd yn erbyn heresi neu ffug-athrawiaeth *Pelagiws*, a oedd yn gwadu pechod gwreiddiol

Dywedir hefyd bod *William o Falmsbury* wedi cofnodi bod Dewi wedi ymweld ag Ynys Wydrin (*Glastonbury*) i gysegru'r abaty yno, ac i gyflwyno allor symudol iddynt. Mae'n debyg i Dewi hefyd gomisiynu estyniad i'r abaty. O hyn, gwelwn fod pwysigrwydd a phoblogrwydd Dewi fel un o arweinwyr mwyaf yr eglwysi Celtaidd, Prydeinig, wedi ei gofnodi tu allan i Gymru.

Marwolaeth Dewi:
Ni wyddwn yn union pa bryd y ganwyd Dewi, a cheir amryw o gyfeiriadau tra gwahanol am amserau rhwng 462-512 O.C. Dywed eraill ei fod mor hwyr â 520 OC. Cofnodwyd iddo fyw'n hen; â rhai'n dweud ei fod tros ganrif oed, ond mae'n debygol iawn mai ar Ddydd Mawrth, 1af Mawrth, 589 O.C. y bu farw.

Cofnodir ei eiriau olaf ym *Muchedd Dewi*, ac fe'u gwelir ar ddechrau'r wers hon. Cafodd ei gladdu ar dir yr abaty yng Nglyn Rhosyn, ond ni wyddir yr union fan. Bu llawer o ddadlau am flynyddoedd am esgyrn a oedd yn cael eu cadw yn yr eglwys gadeiriol, ond bellach, maent wedi ei *carbon-ddyddio* i'r 12 ganrif. Oherwydd iddo gael ei gofnodi fel arweinydd Cristnogol pwysig ym Mhrydain yn yr Oesoedd Tywyll, cafodd ei ganoneiddio â'r teitl 'Sant' gan y Pab Callixus II, yn 1120.

Geiriau Dewi:
Oherwydd y diffyg hanes am y Sant, ni wyddom lle y cyfeirir ato'n ysgrythurol, ond mae'n bosib sylwi ar ryw fath o debygrwydd mewn tair ffynhonnell:

□ Llyfr y Diarhebion (Pennod 2-4), lle gwelwn heddiw deitlau i'r penodau, fel 'Gwobr Doethineb', 'Cyngor i'r Ifanc' a 'Doniau Doethineb'.

□ 2 Pedr 3: 14 - "Felly, gyfeillion annwyl, gwnewch eich gorau, wrth ddisgwyl am y pethau hyn, i fod yn ddi-nam a di-fai yng ngolwg Duw, ac i'ch cael mewn tangnefedd."

□ 3 Ioan: 2-3 - "Gyfaill annwyl, yr wyf yn dymuno iechyd iti, a llwyddiant ym mhob peth, fel y mae dy enaid yn llwyddo. Oherwydd yr oedd yn llawenydd mawr i mi pan fyddai cyfeillion yn dod ac yn tystio i'th wirionedd di, i'r modd yr wyt yn rhodio yn y gwirionedd."

Cofiwn mai gwlad baganaidd oedd Prydain yn y cyfnod cynnar hwn, ac efallai ei bod yn ddisgrifiad cywir ohoni heddiw hefyd! Roedd Dewi wedi rhoi'r rhan fwyaf o'i fywyd i waith Crist, ac roedd am i'w ddilynwyr barhau gyda'r gwaith o gyfathrebu'r newyddion da wrth ehangu eu gwaith cenhadol. Roedd Dewi yn credu yn Nuw a'r ffordd at fywyd tragwyddol wrth ddilyn llwybr Iesu Grist. Roedd eisiau iddynt fod yn hapus wrth gofio amdano, ac iddynt barhau yn y gwaith o ddod â'r gair i Gymru gyfan.

Ar y diwrnod hwn o ddathlu, cofiwn yn ein gweddïau am un a fu'n allweddol yn y gwaith o sefydlu'r ffydd Gristnogol yng Nghymru. Bydded i ni gael yr hyder i barhau ei waith i'r dyfodol. Rwy'n siŵr y byddai Dewi'n gobeithio'n fawr iawn y byddem yn derbyn llwyddiant yn ein hymdrech i ledaenu'r Gair. Dyma a nodir yn 3 Ioan: 4, "Ni does dim sy'n fwy o lawenydd i mi na chlywed bod fy mhlant yn rhodio yn y gwirionedd."

Trafodaeth:

❖ Beth yw arwyddocâd Dydd Gŵyl Dewi i chi?

❖ A ddylwn ni fod yn dysgu am seintiau cynnar Cymru yn yr Ysgol Sul?

❖ Pa mor addas yw geiriau Dewi i ni heddiw?

❖ Faint ydyn ni wedi symud ymlaen yn ein Cristnogaeth ers cyfnod Dewi?

26. **Awdurdod Crist**

......yr oedd yn dysgu fel un ag awdurdod ganddo...... (Marc 1:22)

Darlleniad: Marc 1: 21-39.

Myfyrdod:
Mae'r Efengylau *Synoptig* (y rhai gan Mathew, Marc a Luc) yn cyflwyno Iesu ac yn sôn amdano'n dechrau ei weinidogaeth yn ardaloedd Galilea, yn y gogledd. Ar ôl cael ei fedyddio gan Ioan Fedyddiwr, dechreuodd yn fuan ar ei dasg o drosglwyddo'i neges i'r bobl.

Er bod rhestr yr Efengylau yn dechrau gyda Mathew, mae'n amlwg bellach mai Marc a ysgrifennwyd gyntaf. Bu i Mathew a Luc ddefnyddio rywfaint o'r hanesion yn eu hadroddiadau hwy, ac ychwanegwyd gwybodaeth a ddaeth o ffynonellau eraill gwahanol. Dywed Marc bod canolfan gweinidogaeth gynnar Iesu ym mhentref Capernaum, a oedd yn ôl pob tebyg yn ardal gartref dau o'i ddisgyblion, Pedr ac Andreas. Wrth ddod i bentref neu ardal, gwelwn fod Iesu'n edrych am eu synagogau, ac yn mynd yno i addoli ac i gymryd rhan mewn trafodaethau a hyfforddiant.

Yn wir, mewn sawl enghraifft gwelwn ef yn cael ei ddisgrifio fel 'athro' (*rabi*), ac felly y caiff ei gydnabod, fel gŵr a chanddo addysg yn yr ysgrythurau, ac mae'n bur debyg ei fod wedi dilyn hyfforddiant hefyd. Defnyddiodd yr amseroedd hyn i siarad, nid yn unig â'r gynulleidfa yn y synagog, ond hefyd mewn cartrefi, yn yr awyr agored ac a'r lan y môr. Yn yr enghraifft y cyfeirir ato yn y teitl, synhwyrwn fod Iesu wedi creu tipyn o argraff ar y rhai a oedd yn y synagog; ac roeddent yn ei holi'n fanwl. Gwelwn yma hefyd gyfeiriad ato'n iacháu: ar y Saboth, ac yn y synagog! Ni ddywedir beth oedd ymateb y bobl yno, ond nodir eu syndod am yr awdurdod a oedd ganddo. Wedi gadael y synagog, aeth i dŷ rhai o'i ddilynwyr i gael bwyta'r pryd a oedd yn gorffen cyfnod y Saboth. Yno hefyd, mae'n iacháu mam-yng-nghyfraith Simon, a oedd yn dioddef o'r dwymyn.

Lledodd y wybodaeth am y digwyddiadau hyn drwy'r gymuned, ac yn fuan, daeth llawer o gleifion i'w weld a chawsant iachâd. Yn wir, nodweddion amlwg a ddaw'n hysbys yn fuan iawn ym Marc yw'r pwyslais a rydd Iesu ar ddysgu ac iacháu. Ymddengys hyn yn ymateb positif iawn y bobl leol i'w waith. Cofiwch, yn y cyfnod dan sylw, bod yna lawer iawn o bregethwyr cyhoeddus ac athrawon yn teithio ar draws y wlad, a chofnodir mewn sawl ysgrif bod gan rhai o'r rhain hefyd y ddawn o iacháu. Gwelwn bod yna lawer o grwpiau o ddilynwyr i wŷr duwiol yn yr un cyfnod. Byddai'n addas pwysleisio bod hanesion yn cofnodi, cyn y digwyddiadau yng Nghapernaum, bod Ioan Fedyddiwr ei hun wedi bod yn cyhoeddi dyfodiad y deyrnas; ac roedd ganddo dipyn yn ei ganlyn ef hefyd.

Mae Marc yn defnyddio dau derm yn aml, sef *athrawiaeth* neu ddysgu (Marc 1:21) a *phregethu'r Gair* (Marc 2: 2). Ni ddywed Marc yn union beth oedd yn ei ddysgu, ac yn wir mewn cyferbyniad hollol i Mathew a Luc, mae ond yn cofnodi ychydig o neges bwysig Iesu Grist. Gwelwn mai 'trosglwyddo ei neges' yw thema Marc mewn sawl lle a dechreuwn gyda'r geiriau adnabyddus, "Y mae'r amser wedi ei gyflawni ac y mae teyrnas Dduw wedi dod yn agos. Edifarhewch a chredwch yr Efengyl," (Marc 1:15).

O'r dechrau hyd ddiwedd ei weinidogaeth sylwn fod Iesu yn ceisio cael pobl i wynebu eu cyflwr diflas ac i edrych ar y gwahoddiad i ddod yn ôl at Dduw. Tybiwn bod y tair Efengyl Synoptig yn cytuno ar y ffaith yma. Yn y Testament Newydd gwelwn fod rhan fwyaf o'r storïau (neu ddamhegion) yr oedd Iesu'n hoff o'u hadrodd yn cyfeirio at y deyrnas arbennig hon. Hwn fu canolbwynt y sgyrsiau a'r hyfforddiant, ac roedd hi'n amlwg bod llawer o'r gwrandawyr am glywed ei neges.

Nodir mewn sawl adnod bod y pwyslais ar ddyfodiad buan y deyrnas yn gwneud i'r dilynwyr wrando'n astud. Efallai bod y neges yn hawdd iddynt hwy ei deall; sef bod Duw unwaith eto am sefydlu ei deyrnas ar y ddaear, ac roedden nhw am fod yn rhan ohoni. I bobl a oedd wedi eu gorthrymu a'u curo gan rym y rhai estron gyhyd, roedd hyn yn swnio fel petaent am gael eu rhyddhau ac am lywodraethu eu hunain eto.

Roedd ofn grym byddin yr Ymerodraeth Rufeinig a'r atgasedd tuag at deulu Herod yn amlwg yn yr ardal. Roeddent wedi dioddef am gymaint o flynyddoedd, a nawr, roedd yr athro ifanc o Nasareth yn addo gwella eu bywydau. I bobl Galilea felly, roedd dyfodiad y deyrnas yn golygu rhyddhad, a byddai'r tlodion a'u teuluoedd yn cael eu codi o'u sefyllfaoedd anodd. Mae Iesu'n galw ar i'r bobl ddychwelyd at y Tad, drwy edifarhau eu beiau a'u camweddau. Mae'n cysylltu edifeirwch â ffydd, a'r rheidrwydd i fod yn ufudd i ewyllys Duw.

Neges syml a gaiff ei throsglwyddo ar ddechrau Efengyl Marc; sef y cofnodion cynnar am ddechreuad gweinidogaeth Iesu. Ond eto, o'r symlrwydd mae yna urddas a phŵer sy'n parhau. Ni arhosodd yn Capernaum drwy'r amser, ond cofnodwyd ei fod wedi dweud: "Awn ymlaen i'r trefi nesaf, imi gael pregethu yno hefyd; oherwydd i hynny y deuthum allan." Ac fe aeth drwy holl Galilea gan bregethu yn eu synagogau hwy a bwrw allan gythreuliaid," (Marc 1: 38-39).

Wele'r athro mawr yn dysgu
dyfnion bethau Duw;
dwyfol gariad yn llefaru –
f'enaid clyw!
[CFf 384. Nantlais]

Trafodaeth:

❖ Pam fod y bobl yn synnu at y pethau yr oedd Iesu'n eu dysgu?

❖ Pa fath o 'ysbryd aflan' ydyn ni'n ymwybodol ohono? (Adnod 23)

❖ A yw emyn Grawn-Syppiau Canaan (CFf 333) yn crynhoi hanes Marc 1: 21-34?

❖ Beth yw ystyr, "...oherwydd i hynny y deuthum allan," (Adn 38)?

27. Lle'r plant

"...peidiwch â'u rhwystro, oherwydd i rai fel hwy y mae teyrnas Dduw yn perthyn." (Marc 10:14)

Darlleniadau: 1 Samuel 3: 1-12 a Marc 10: 13-16.

Myfyrdod:
Yn y darlleniad cyntaf, gwelwn fachgen ifanc o'r enw Samuel. Roedd wedi cael ei gyflwyno i wasanaeth Duw gan ei fam, mewn diolchgarwch am ei bod hi wedi cael esgor ar blentyn, (gweler 1 Samuel 1:19-28). Bu i Samuel dyfu i fod yn un o'r proffwydi mawr cyntaf, a daeth i adnabod Duw tra'r oedd yn blentyn. Holodd ei fam, Hanna, i Eli'r offeiriaid i'w fagu yn nheml Seilo fel rhan o'i gytundeb â Duw. Fel dyn, derbyniodd Samuel addysg a hyfforddiant a bu'n farnwr pwysig, ac yn allweddol yn apwyntio Saul a Dafydd, yn frenhinoedd.

Daeth Samuel i adnabod yr Arglwydd tra'r oedd yn ifanc, a bu'n ufudd i'w orchmynion, er bu yna drafferthion yn eu perthynas ar adegau. Pan alwodd Duw arno y tro cyntaf, meddyliodd Samuel mai Eli oedd yn galw. Ond ar ôl cyfnod o fynd nôl ac ymlaen at Eli, sylweddolodd Eli pwy oedd yn galw ar Samuel, a dywedodd wrth Samuel sut i ateb yr alwad pe bae'n siarad ag ef eto. Mae'r stori yma'n un anghyffredin, oherwydd oedolion fel rheol sy'n cael eu galw gan Dduw i'w wasanaethu.

Yn y Testament Newydd, gwelwn fod Iesu wedi dechrau ei waith ar ran ei Dad tra'r oedd ond yn ddeuddeg oed. Mae'r stori am Iesu a gofnodir yn Luc 2: 41-52, yn un yr ydym ni'n gyfarwydd â hi. Fel y gwyddom bu Iesu ar goll am gyfnod tra bu'r teulu yn dathlu Gŵyl y Pasg yn Jerwsalem. Pan ddaethant o hyd iddo, yn ôl yn y deml, bu'r teulu'n dweud y drefn wrtho, ond cawsant eu syfrdanu gan ei reswm am fod yno, "Pam y buoch yn chwilio amdanaf? Onid oeddech yn gwybod mai yn nhŷ fy Nhad y mae'n rhaid i mi fod?" (Adnod 49).

Dyma ni'n gweld unwaith yn rhagor, fachgen ifanc yn ufuddhau Duw'r Tad yn y nefoedd. Duw ei hun wedi ordeinio'r ddau fachgen i barhau ei waith pwysig ar y ddaear.

I Dad y trugareddau i gyd
Rhown foliant, holl drigolion byd;
Llu'r nef moliennwch, bawb ar gân,
Y Tad a'r Mab a'r Ysbryd Glân.
[CFf 15. cyf. Howel Harries]

Mae stori Samuel yn ein hatgoffa y gall Duw alw pawb, beth bynnag eu hoed. Y peth pwysicaf yw sylweddoli mai Ef sy'n galw; ac ein bod ninnau'n gwybod sut i ymateb iddo, ac yn barod i'w wasanaethu.

Fel aelodau o deulu, mae pob un ohonom, rwy'n siŵr, wedi cael cyfnodau lle nad ydym yn cytuno â'n rhieni am rywbeth neu'i gilydd. Ambell dro, aiff hi'n frwydr am y pethau lleiaf, heb reswm. Efallai mai ymateb i'n personoliaethau ni'n datblygu a wnawn wrth i ni dyfu.

Pan sylweddolodd Samuel bod Duw'n galw arno i wasanaethu, atebodd fel y bu iddo gael ei ddysgu, "Llefara, canys mae dy was yn gwrando," (1 Samuel 3:10). A ydym ni wedi profi galwad fel hyn yn ein bywydau? Os ydym, beth oedd ein hymateb iddo?

Dengys y darn yma bod Duw yn barod i alw unrhyw un at ei wasanaeth, ac mae'n bwysig ein bod ni'n gwrando amdano ac yn ymateb. Fel rhai sy'n perthyn drwy ffydd, rydym yn rhan o'r berthynas fawr yna ar draws y byd, o bob oed, lliw ac iaith, a elwir yn eglwys Iesu Grist. Pan oeddwn yn yr ysgol gynradd dysgais innau a llawer o rai eraill, weddi i'w hadrodd cyn bwyta ein cinio. Teimlaf ei bod hi'n disgrifio ein perthynas yn dda iawn:

O Dad, yn deulu dedwydd,
y deuwn, a diolch o'r newydd;
cans o'th law, y daw bob dydd,
ein lluniaeth a'n llawenydd.
(priodolir i W.D Williams, Abermaw)

Efallai y dylem atgoffa ein hunain o dro i dro, bod pob dydd yn 'ddydd ein Harglwydd', ac nad ar y Sul yn unig. Sonia'r pennill am *deulu dedwydd*, sef teulu hapus sy'n helpu ei gilydd ac yn canu moliant am eu cynhaliaeth bob dydd, mewn diolchgarwch llawen. Yn y weddi fach hon, galwn ar Dduw i ddiolch iddo am yr holl deulu ar draws y byd, ac am estyn ein cariad at ein brodyr a'n chwiorydd. Fel teulu, mae'n bwysig ein bod ni'n paratoi ein plant at y pethau na ddysgir yn yr ysgol, ac un ohonynt yw bod yn barod i dderbyn galwad Duw.

Yn yr ail ddarlleniad, gwelwn y disgyblion yn ceryddu'r bobl am ddod â'u plant at Iesu i gael eu bendithio. Rwy'n siŵr iddynt geisio gwneud y gorau o'r sefyllfa, ac mae'n debyg bod yna lawer iawn o bobl am weld a siarad â'r athro arbennig a oedd yn dysgu yn eu tref. Ond pan sylweddolodd Iesu beth oedd yn digwydd, dywedodd yn glir wrthynt am stopio, "Gadewch i'r plant ddod ataf fi; peidiwch â'u rhwystro, oherwydd i rai fel hyn y mae teyrnas Dduw yn perthyn. Yn wir, rwy'n dweud wrthych, pwy bynnag nad yw'n derbyn teyrnas Dduw yn null plentyn, nid â byth i mewn iddi," (Marc 10: 14). Mae'n bwysig ein bod ni'n cofio hyn ac yn gwneud ein gorau i baratoi ein plant am eu bywydau ysbrydol, ac iddynt ddod yn rhan o'r teulu a elwir 'yr eglwys'.

Trafodaeth:

❖ 1 Samuel 3: 1 - A ydy'r geiriau 'gweledigaeth yn anfynych' yn disgrifio ein cyflwr ni heddiw?

❖ 1 Samuel 3: 2 - Pam ydych chi'n meddwl bod llygaid Eli yn dechrau pylu?

❖ A yw Duw yn galw ar bobl o hyd, fel y gwnaeth i Samuel?

❖ Marc 10: 15 - Esboniwch yn syml: "i rai fel hwy y mae teyrnas Dduw yn perthyn."

28. Sul y Mamau:

Fel y cysurir plentyn gan ei fam byddaf fi'n eich cysuro chi. (Eseia 66:13)

Darlleniad: Eseia 66: 10-21.

Myfyrdod:
Geiriau o bennod olaf Llyfr y Proffwyd Eseia yw'r rhai uchod, ac ymddengys eu bod wedi eu hysgrifennu ar gyfer hen bobl y Ffordd Iddewig yn ystod y gaethglud ym Mabilon.

Heddiw, wrth i ni edrych ar fframwaith y geiriau hyn, atgoffwn ein hunain am ***Sul y Mamau***, diwrnod y mae'r byd seciwlar yn ei ddathlu wrth ddiolch am 'FAMAU' yn ein teuluoedd. Bydd pobl yn dangos eu gwrthfawrogiad drwy ddanfon cardiau, ymweld â'u mamau os yw hynny'n bosib, ac yn aml iawn, mynd â hi allan am ginio (a gadael i Dad dalu wrth gwrs!).

Yn y pen draw, rydym yn atgoffa ein hunain o'r cyfrifoldebau a'r dyletswyddau a wnaethpwyd ar ein rhan gan ein mamau wrth i ni dyfu i fyny, a'n bwydo a'n dilladu yn ystod ein plentyndod. Yn ôl ystadegau gwladol, dywedir bod llawer o fechgyn a merched yn aros gyda'i rhieni hyd y byddant yn eu tridegau, yn bennaf oherwydd y gost o brynu tŷ neu fflat. Felly, mae llawer ohonom yn dibynnu ar ein mamau am flynyddoedd lawer!

Diolchwn heddiw am y cariad a gafwyd, ac am iddi fod yno gyda ni pan oeddwn ei hangen. I rai ohonom, bu rhywun arall yn 'fam' i ni oherwydd amrywiol amgylchiadau. Pwy bynnag sydd, neu oedd â'r cyfrifoldeb pwysig o fod y fam i ni, diolchwn amdani ac am y cariad a ddangoswyd ac a dderbyniwyd ganddi.

Wrth droi'n ôl at y darlleniad, gwelwn adroddiad am 'fam' o fath arall. Yn ystod caethglud Babilon, disgrifiwyd hen wlad llwyth yr Iddewon fel eu 'MAM', sef cefn a tharddiad eu cenedl. Ym Mabilon, bu'n rhaid iddynt atgoffa ei gilydd o'r hen amser a'r pethau a wnaethant yn erbyn ewyllys Duw. A dywedir yn yr ysgrythurau iddynt orfod dioddef a chael eu llusgo ymaith i ryw wlad estron.

Drwy'r proffwydoliaethau gwelwn Eseia yn dyheu am iddynt gael dychwelyd unwaith eto i'r *Fam Wlad ac i Jerwsalem*; y tir a roddwyd iddynt fel rhan o *Wlad yr Addewid*. Credir iddo ddefnyddio'r term *'mam'* i gymharu eu hen wlad â'r gobaith a'r cryfder a addawyd iddynt i'r dyfodol (yn ôl yr hanes), os byddent unwaith eto'n dychwelyd at Dduw. Teimlir bod hyn yn debyg, o bosib, i'r syniad bod y sir a'r ynys brydferth honno'n haeddu cael ei galw yn: *'Môn, Mam Cymru'*. Gwelir hefyd gyfeiriadau drwy hanes, ac ym mhob cenedl, at y defnydd o'r geiriau *'mam iaith'* i ddisgrifio sut y bu iddynt greu strwythur i gyfathrebu a llefaru.

Mae Eseia yn sefyll fel yr un blaenllaw o'r proffwydi mawr, o 17 llyfr yr Hen Destament a elwir yn Llyfrau'r Proffwydi. Yn sefyll gydag ef, mae'r tri proffwyd mawr arall, Jeremeia, Eseciel a Daniel. Ysgrifennwyd eu llyfrau yng nghyfnod dirywiad y genedl, cyfnod y gaethglud a'r daith tuag adref. Credir bod Duw wedi danfon rhain ar genhadaeth anodd a pheryglus am fod ganddynt y ddawn o broffwydo a chyhoeddi teimladau Duw.

Yn aml, fe'u danfonwyd i atal y genedl rhag dinistrio ei hun; neu i rybuddio y byddai Duw yn eu barnu a'u cosbi, neu roeddent i'w galw'n ôl at Dduw mewn edifeirwch. Ond ar ôl i'r genedl wrthod Duw, a chael eu cludo ymaith, bu'r proffwydi'n eu cysuro drwy gynnig gobaith iddynt am y dyfodol. Yn nhermau modern, gellir disgrifio'r proffwydi fel 'dewrion y genedl', oherwydd aethant allan yn aml â negeseuon gan Dduw, gan orfod wynebu peryglon i'w bywydau. Does dim amheuaeth i Eseia fod yn gwbl allweddol yn y broses o ddod â phobl Israel, y genedl goll, yn ôl at Dduw yn y cyfnod anodd hwnnw.

Ysgrifennwyd y 66 pennod dros gyfnod hir, ac mae'n debyg bod yna dri awdur yn gysylltiedig â'r geiriau a ysgrifennwyd. Pwy bynnag yr oeddent, bu'r casgliad a elwir yn 'Llyfr Eseia' yn allweddol yn hanes yr Iddewon, oherwydd yr ymdrech i ddatguddio cariad a thrugaredd Duw i'w bobl. Y broblem fawr, fel ag yn ein gwlad ninnau heddiw, oedd y ffaith nad oedd pawb yn gwrando, nac yn ofni Duw, nac hyd yn oed yn ei addoli. Felly, gorfodwyd iddynt ddioddef, a dangoswyd yn y llyfr bod Duw yn gallu barnu'r rhai sy'n parhau i'w wrthwynebu yn galed. Ond eto, ynghanol hyn oll, roedd Duw trwy'r proffwyd yn eu caru, ac am iddynt deimlo ei bresenoldeb: "Fel y cysurir plentyn gan ei fam byddaf fi'n eich cysuro chwi," meddai.

Weithiau, rwy'n siŵr, pan oeddem ni'n blant, i ni deimlo'n isel neu'n ofnus, neu am i ni gael cerydd am ryw ddrwg a wnaethom. Pan ddigwydd rhywbeth i ni yn ystod ein bywydau ifanc, sylweddolwn bod 'mam' yno i'n cysuro yn aml iawn. Mae'r cariad a ddangoswyd i ni o fewn y teulu yn debyg iawn i'r cariad y mae'r proffwyd yn ei ddangos rhwng Duw a'i bobl - cariad sy'n aros ac yn datblygu. Felly, ar y dydd arbennig hwn, diolchwn am bob un a adnabyddwn fel 'mam'; y rhai sydd yn ein plith o hyd a'r rhai sy'n aros yn ein calonnau. Bydded i ni drysori'r berthynas arbennig hon, ym mhob cenhedlaeth.

Dy dyner law
fo'n gwarchod drosom ni,
ym mhobman diogel a fyddwn
yn d'ofal di.
[CFf 788. R.J. Davies]

Trafodaeth:

❖ Mewn cyferbyniad â'i gilydd, beth mae Adnodau 12 a 16 yn disgrifio?

❖ A yw hi'n deg i ddisgrifio gwlad fel 'mam'? Pam?

❖ A ydych chi'n dathlu 'Sul y Mamau' yn eich eglwys chi? Os ydych, sut?

❖ Yn y dyddiau cyfoes hyn, pan fo geiriau'n newid yn raddol, a yw hi'n bosib i ni ddisgrifio Duw'r Tad hefyd fel 'Duw'r Fam'?

29. Problem hanesyddol

" Cod, rhodia ar hyd a lled y wlad, oherwydd i ti yr wyf yn ei rhoi." (Genesis 13:17)

Darlleniad: Genesis 13: 1-18.

Myfyrdod:
Mae'r adnod uchod yn mynd â ni'n ôl at y cyfnod cynharaf i ddilynwyr Duw. Roedd yn gyfnod o ddatblygiad ac yn gyfnod pan welwyd problemau ymhlith y llwythi.

Ar ôl dod i fyny o'r Aifft i sychdir y Negeb, bu Abram a'i deulu yn chwilio am le iddynt aros am gyfnod; lle i adeiladu allor i Dduw. Yn ôl yr adroddiad, roedd gan y dyn hwn lawer iawn o eiddo, o ran anifeiliaid a thrysorau hefyd.

Wrth ddod o'r sychdir, teithiodd y *garfan* fawr yma o bobl ac anifeiliaid i ardal Bethel (a ddisgrifir yn iaith y bobl hyn fel *Tŷ i Dduw*). Dywedir bod yr ardal hon ryw 12 milltir i'r gogledd o'r man y sefydlwyd Jerwsalem yn ddiweddarach. Yno, bu iddynt adeiladu allor i'r Arglwydd, a galwyd ar Dduw (h.y. bu i'r teulu roi offrwm a gwasanaeth o fawl i'r Goruchaf).

Os edrychwn ar y mapiau ar ddechrau'r copïau modern o'r Beibl, gwelwn yr ardaloedd cyntefig hyn a'u cysylltiadau â chyfnodau gwahanol yn hanes y llwythi a'r Iddewon. Sylwn hefyd ar yr enwau a nodir ar y mapiau, a'u cysylltiad â llawer o'n haddoldai ni yng Nghymru.

Clodforwch bawb ein Harglwydd Duw,
doed dynol-ryw i'w ganmol;
ei hedd, fel afon fawr, ddi-drai,
a gaiff ddyfrhau ei bobol.
[CFf 170. William Williams]

Yn ôl yr hanes ym Mhennod 13 o Genesis, bu yna ryw broblem wedi iddynt sefydlu eu pebyll ym Methel. Cofiwch mai bywyd *nomadaidd* oedd gan y bobl hyn. Roeddent yn symud o un lle i'r llall, ac nid oeddent wedi dechrau sefydlu llawer o drefi yn y cyfnod hwn. Pan oedd y porfa'n darfod, neu'r dŵr yn sychu i fyny, byddent yn symud ymlaen. Dyna oedd eu traddodiad, a gellir gweld y math hwn o fywyd yn parhau o hyd mewn rhai ardaloedd o'r Dwyrain Canol a'r Affrig.

Pobl syml eu bywydau yw'r nomadiaid (neu grwydriaid) hyn. Ond i'r rhai ohonom sydd wedi cyfarfod â'u disgynyddion heddiw, gwelwn mai pobl gyfeillgar ac urddasol iawn ydynt. Ond, yn Adnodau 6 a 7, gwelwn adroddiad o ryw anghydfod a ddechreuodd rhwng rai o aelodau teulu Abram a theulu Lot (a ddisgrifir yn Genesis 12:5, fel "mab ei frawd").

O'r hyn a welwn yn yr adroddiadau, mae Abram a Lot yn ddynion hynod llwyddiannus, a chanddynt lawer o eiddo. Credir bod y dadlau rhwng y bobl yn ymwneud â'r ffaith bod yna ormod ohonynt bellach, ac nad oedd y tir yn ddigon ffrwythlon i gynnal yr holl bobl a'u hanifeiliaid. Wrth i'w bugeiliaid ddechrau ryw anghydfod, gwelwyd pethau'n dechrau mynd yn ddrwg rhyngddynt.

Gwelwn Abram yn gwneud ei orau i ddatrys y sefyllfa rhwng y bobl a ddaeth i Fethel gyda'i gilydd, ond ofer bu'r ymdrech. Gwelwn yn y darn hwn ddarlun o gytuno a chyfaddawdu, rhywbeth nad oedd yn digwydd yn aml iawn yn yr ardal hon, a rhywbeth sydd ei angen yn fawr unwaith eto yn yr ardal heddiw. Dywedodd Abram wrth Lot, "Peidied â bod cynnen rhyngom, na rhwng fy mugeiliaid i a'th rai di, oherwydd perthnasau ydym," (Adnod 8). Penderfynasant fynd eu ffordd gwahanol, ac mewn ymddangosiad o gariad tuag at ei nai, rhoddodd Abram y dewis iddo i ba le yr oeddent am fynd. Dewisodd Lot fynd i'r dwyrain, i gyfeiriad Soar ac i lawr at Afon Iorddonen ai dyffrynnoedd ffrwythlon.

Bu i'r Arglwydd siarad ag Abram, a dywedodd wrtho yntau i symud o Fethel hefyd, ac fe symudodd yn gyntaf i ardal Hebron (tua 30-35 milltir i'r de-orllewin o Jerwsalem), lle'r adeiladwyd allor newydd i'r Arglwydd. (Ystyr y gair Hebron yw 'man cyfarfod' neu *Gymanfa*). Fel y gwyddom o'r adroddiadau newyddion ar y teledu, bod Hebron bellach yn ran o ardal y Palesteiniaid, a bod yna lawer o anghydfod yn gysylltiedig â pherthynas lleol y bobloedd.

Hanes cynnal perthynas â'r Arglwydd sydd yn y stori hon; mae'n stori syml ond effeithiol. Gwelir mai trwy fod yn rhesymol, yn gwrtais ac yn fonheddig tuag at ein cyd-drigolion y gellir datrys anghydfod. Sylweddolwn bod rhaniad yn anochel yn y sefyllfa hon, ond gwnaed hynny'n heddychlon. Gwelwn Dduw yn cydnabod doethineb Abram a sut y bu iddo ddatrys yr anghydfod.

Dywedodd Duw wrth Abram, “Cod dy olwg o’r lle wyt, ac edrych tua’r gogledd a’r de a’r dwyrain a’r gorllewin; oherwydd yr holl dir yr wyt yn ei weld, fe’i rhoddaf i ti ac i’th ddisgynyddion hyd byth,” (Adnodau 14-15). Yn anffodus, defnyddir y geiriau hyn o’r Ysgrythur i gyfiawnhau rhywfaint o’r anghydfod rhwng pobl Israel a Phalestina heddiw, ynglŷn â’r adeiladu anghyfreithiol sy’n digwydd yn yr ardal.

Teyrnasa dros ein daear oll,
myn gael pob gwlad i drefn:
O adfer dy dihalog lun
ar deulu dyn drachefn.
[CFf 234. R.J. Derfel]

Bydded i ni ddysgu o’r ffordd y bu’r teulu yma’n barod i gynorthwyo ei gilydd pan aeth pethau o chwith.

Trafodaeth:

❖ Wrth edrych ar Adnod 2, beth yw ystyr y gair ‘cyfoethog’?

❖ Tra bod y llwythi *nomadaidd* yn teithio o un lle i’r llall, a’i hanifeiliaid yn bwyta’r glaswellt, tybed beth oedd barn y bobl leol ohonynt? (Gweler Adnod 7)

❖ Pa un a gafodd y tir gorau, Abram neu Lot? Pam?

❖ A ydych chi’n meddwl bod Adnodau 15 a 17 yn rhwystr neu’n gymorth i ddatrys y problemau a welwn yn ardal Hebron heddiw?

30. Sul y Blodau

Pan ddaeth yn agos a gweld y ddinas, wylodd drosti. (Luc 19:41)

Darlleniad: Luc 20: 28-48.

Myfyrdod:
Mae'n ddechrau'r wythnos Iddewig ac mae'r gwanwyn yn yr awyr. Mae'r bobl wedi dod i ddinas Jerwsalem i ddathlu'r Pasg, sef yr ŵyl fawreddog i gofio rhyddhau pobl Israel o'r Aifft. Mae'n amser prysur yn yr ardal a llety gwely a brecwast yn brin iawn.

Yn ôl y dystiolaeth a geir yn y Testament Newydd, aeth Iesu a rhai o'i gyfeillion i aros gyda ffrindiau ym mhentref cyfagos Bethania (lle'r oedd Martha, Mair a Lasarus yn byw). Dywedir eu bod yn teithio'r ddwy filltir o Fethania i Jerwsalem yn ddyddiol, gan gerdded dros *Fynydd yr Olewydd* ac i mewn i'r ddinas drwy'r coed a oedd yn tyfu ar lethrau'r ucheldir cyfagos.

Yn Luc, gwelwn yr hanes cyfarwydd am Iesu, un diwrnod, yn teithio i mewn i'r ddinas mewn ffordd annisgwyl. Gwelir eiriau tebyg ym mhroffwydoliaeth Sechereia, "Llawenha'n fawr, ferch Seion: bloeddia'n uchel, ferch Jerwsalem. Wele dy frenin yn dod atat â buddugoliaeth a gwaredigaeth, yn ostyngedig ac yn marchogaeth ar asyn, ar ebol, llwdn asen," (Sechereia 9:9). Yn ôl yr hanes, Dydd Sul ydoedd, sef diwrnod cyntaf yr wythnos Iddewig.

Adroddir i'r Iesu fynd i mewn i'r ddinas yn fuddugoliaethus, fel un a oedd yn cael ei addoli. "Pan oedd yn nesáu at y ffordd sy'n disgyn o Fynydd yr Olewydd, dechreuodd holl dyrfa ei ddisgyblion yn eu llawenydd foli Duw â llais uchel am yr holl wyrthiau yr oeddent wedi eu gweld, gan ddweud: "Bendigedig yw'r un sy'n dod yn frenin yn enw'r Arglwydd; yn y nef, tangnefedd, a gogoniant yn y goruchaf ," (Adnod 37-38). Doedd dim amheuaeth sut yr oeddent yn teimlo, na pha beth yr oeddent yn ei gyhoeddi.

> Pwy sy'n dwyn y Brenin adref?
> Pwy sy'n caru gweld ei wedd?
> Pwy sy'n parchu deddfau'r goron
> ac yn dilyn llwybrau hedd?
> Hwn fydd mawr dros y llawr,

dewch i'w hebrwng ef yn awr.
[CFf 250. Elfed]

Daeth Iesu i'r ddinas ar gefn asyn, nid ar gefn ceffyl rhyfel. Mae hyn yn bwysig i'w gofio, oherwydd yn ôl traddodiad brenhinol yr Iddewon, roedd hyn yn arwydd bod y brenin am siarad am heddwch. Felly, gallwn ei weld ar ryw fath o genhadaeth heddwch. Ceir rhywfaint o debygrwydd yma i'r digwyddiadau sy'n gysylltiedig â gwaith y Cenhedloedd Unedig ar draws y byd yn ystod yr hanner canrif ddiwethaf. Yn anffodus, roedd yr Iddewon ar y pryd yn disgwyl Meseia a fyddai'n arweinydd neu'n gadfridog i'w lluoedd arfog. Disgwyl am frenin rhyfelgar, un fel Dafydd neu Solomon gynt, a fyddai'n eu rhyddhau o grafangau'r Rhufeinwyr, oedd llawer o'r trigolion. Yn y diwedd, chwalwyd pŵer a chryfder yr Iddewon (fel ag y cafodd Samson ei wanhau wrth iddo golli ei wallt). Yn ôl yr hanes a gofnodwyd yn seciwlar ac yn y Testament Newydd, dilynodd Jerwsalem y ffordd i ddinistr mewn math o ryfel cartref; a chafodd ei dinistrio gan yr Ymerodraeth Rufeinig, tua 70 OC. Wrth edrych ar hanes yr ardal, gwelwn yn anffodus nad yw Jerwsalem wedi cael llawer o heddwch hyd at heddiw, ac mae trais a therfysgaeth wedi ei chrynu lawer gwaith o bob cyfeiriad.

Daeth Iesu i'r ddinas, a bu'r lluoedd yn ei groesawu'n gynnes. Roedd eisiau cyd-uno'r byd mewn heddwch a thangnefedd, i frodyr a chwiorydd garu ei gilydd. Aeth i Jerwsalem fel Tywysog Heddwch. Aeth i mewn i'r ddinas fel brenin buddugoliaethus; ond o fewn wythnos, roedd wedi ei fradychu a'i gyhuddo, ac wedi ei ddedfrydu i farwolaeth. A chafodd ei groeshoelio fel terfysgwr neu leidr cyffredin.

Nid oedd y mwyafrif o'r Iddewon yn deall pwy ydoedd, ac nid oedd pob un o'i ddisgyblion yn hollol siŵr chwaith bob amser. Ond eto, gwnaeth Iesu ewyllys Ein Tad, ac aeth ymlaen gan wybod beth fyddai'n debygol o ddigwydd. Wrth iddo agosáu at y ddinas edrychodd i lawr y llethr a rhagweld yr hyn a fyddai'n digwydd yno mewn rhai blynyddoedd. Wylodd dros Jerwsalem gan ddweud, "Pe bai tithau, y dydd hwn, wedi adnabod ffordd tangnefedd - ond na, fe'i cuddiwyd rhag dy lygaid," (Adnod 42).

Cwestiwn addas i'w ofyn ar y dydd hwn yw, a yw'n wylo'n awr drosom ni yn yr un modd, ac yn dweud wrth Gymry, "...ond na, fe'i cuddiwyd dy lygaid ..."? Heddiw, yn aml, mae ein pobl ifanc yn moli 'brenhinoedd' a 'thywysogion' y byd adloniant a chwaraeon, ac maent yn cael eu dylanwadu gan y ffyrdd y maent yn byw eu bywydau.

Yn ôl Efengyl Mathew a Marc, taflwyd dail o'r coed o'i flaen gan y bobl nad oedd ganddynt fentyll. Roeddent yn ei gyfarch fel aelod o'r teulu brenhinol. Heddiw, taflwn arian a phres o flaen ein ffug-dduwiau bydol, a chael ein camarwain wrth eu haddoli, yn lle'r un a ddaeth i'n prynu. Teimlwn fod Iesu yn wylo o hyd wrth weld ein gwlad yn troi oddi wrtho. Gweddïwn ar i Iesu agor ein llygaid unwaith eto, i ni sylweddoli'r hyn yw gwir gyflwr ein byd. Bydded i ni gofio mai heddiw yw'r dydd y daeth i'n plith fel brawd, i'n harwain ar hyd ffordd tangnefedd.

Ymlaen, ymlaen, frenhinol Oen,
â gwylaidd rwysg ar lwybrau poen;
'n ôl gwyro pen dan farwol glwy'
O Grist, mewn grym teyrnasa mwy.
[CFf 238. cyf. Hywel M. Griffiths]

Trafodaeth:

❖ Pa mor bwysig oedd Gŵyl y Pasg i'r Iddewon? Beth oedd yr enw arall arni?

❖ Wrth ryddhau'r asyn, pam fod "...ar y Meistr ei angen..."? (Adnod 34).

❖ Pe byddai Iesu'n dod i mewn i Jerwsalem heddiw, sut fyddai'n teimlo?

❖ Pam fod rhai o'r Phariseaid am i Iesu geryddu'r disgyblion? (Adnod 39).

31. Sul y Pasg:

......gwelsant fod y maen wedi ei dreiglo i ffwrdd." (Marc 16:4)

Darlleniad: Marc 16: 1-18.

Myfyrdod:
Dydd Sul arall yn Jerwsalem, ac yn fuan yn y bore mae tair gwraig yn cerdded yn dawel tuag at y fynwent leol, lle y claddwyd un o'i ffrindiau ryw dri diwrnod ynghynt.

Maent yn galaru o hyd ac yn poeni, oherwydd nid oeddent wedi gallu gwneud y pethau pwysig i baratoi'r corff cyn hyn. Mae Mair Magdalen, Mair mam Iago, a Salome wedi prynu peraroglau i eneinio gweddillion Iesu, ac i ddweud eu ffarwel olaf iddo ar ôl yr holl bethau erchyll a ddigwyddodd yr wythnos ddiwethaf. Wrth agosáu at y bedd, gwelsant ei fod ar agor, fel ag y disgrifir yn yr adnod uchod. Aethant i mewn, ac yno safai gŵr ifanc dieithr, mewn gwisg wen.

Yn y wers hon, edrychwn ar un o hanesion pwysicaf y Testament Newydd, sef y bedd gwag a'r atgyfodiad. Canolbwynt ein ffydd fel Cristnogion yw bod Iesu wedi ei atgyfodi o farw gan Dduw. Gwelwn hyn yn syml iawn, wrth edrych ar eiriau Paul yn un o'i lythyrau, "Ac os nad yw Crist wedi ei gyfodi, ofer yw eich ffydd, ac yn eich pechodau yr ydych o hyd," (1 Corinthiaid 15:17).

Er bod rhai yn cael trafferth o hyd gyda'r syniad o atgyfodiad, hwn yw un o'r pethau canolog ym mywyd y rhai sydd wedi dod i ffydd. Mae'r rhan fwyaf o bobl yn gallu dilyn y ffaith bod Iesu (hyd yn oed trwy iddo gael ei fradychu) wedi cael ei ladd ar gam. Nid ef oedd y cyntaf na'r olaf i ddioddef hyn, ac mae hanes y byd yn llawn o enghreifftiau o anghyfiawnder. Nid Iesu oedd y cyntaf, na'r unig un i gael ei groeshoelio. Yn wir, dyma oedd cosb eithaf yr Ymerodraeth Rufeinig am bethau fel terfysgaeth, a cafodd llawer eu dienyddio yn y modd hwn. Yr hyn sy'n ei wneud yn gwbl wahanol i'r cyffredin, yw bod Duw, yn ei bŵer a'i awdurdod fel Creawdwr, wedi rhoi bywyd yn ôl i Iesu. A'r tro yma, roedd yn fywyd tragwyddol ac ardderchog.

Yn ddiau, roedd yn fywyd mor newydd ac arbennig, fel nad oedd llawer o'i gyfeillion yn ei adnabod yn syth. Ond eto, pam y dylen nhw? Roeddent wedi gweld ei gorff drylliedig, neu wedi clywed amdano, yn cael ei dynnu oddi ar y groes. Roeddent yn gwybod fod gŵr cyfoethog lleol, sef Joseph o Arimathea, a oedd yn gynghorwr uchel ei barch, wedi rhoi ei feddrod ei hun i Iesu i orwedd ynddo. Dyna oedd diwedd pob un ohonom fel rheol. Ond nid oedd Iesu'n 'un cyffredin'! Ni allwn heddiw gynnig esboniad gwyddonol i'r atgyfodiad. Yn ôl y dystiolaeth leol, dim ond tri pheth a allai fod wedi digwydd:

(1). Bod y disgyblion, neu eraill, wedi dwyn y corff a'i guddio yn rhywle arall. Dyma oedd cred mawr Iddewiaeth, er mwyn cadw'r stori yma'n dawel.

(2). Nad oedd Iesu wedi marw mewn gwirionedd ar y groes. Efallai mai mynd i ryw fath o farw-gwsg a wnaeth, ac iddo gael ei adfer rywsut gan feddyg. (Yn ddiweddarach yn y Dwyrain Canol, ym myd Islam, lle caiff Iesu ei addoli fel ei hail broffwyd mwyaf, dywedir mai'r esboniad mwyaf tebygol yw i rywun arall farw yn ei le).

(3). Ei fod wedi marw a bod Duw wedi ei atgyfodi, mewn ffordd na wyddom amdano; a'i bod hi'n debygol fod yr angel yn gysylltiedig â'r digwyddiad.

Dylwn sylwi nad yw'r syniad o atgyfodiad yn dod o ffydd y Cristion yn unig. Hyd yn oed yn yr Hen Destament cawn enghreifftiau o bobl yn siarad amdano. Dywed bod y Phariseaid yn cytuno â'r posibilrwydd, ond bod y Sadwceaid yn anghytuno. Mae Paul ei hun, a oedd o deulu'r Phariseaid, yn defnyddio'r ffaith hwn pan o flaen ei well, a chofnodir hyn hefyd yn Actau'r Apostolion.

Ers dechrau'r eglwysi boreol, bu'r syniad o atgyfodiad yn ganolbwynt i'n ffydd. I rai Cristnogion modern, mae'r ffaith i'r bedd fod yn wag yn ddi-bwys, oherwydd rydym yn cydnabod bod Iesu'n gallu gwneud gwyrthiau, gan gynnwys codi eraill o farw'n fyw! Felly, ai dim ond un o'i wyrthiau oedd hyn? A beth am yr esgyniad? O edrych ar yr Efengylau, gwelwn ym Marc fod popeth wedi digwydd yn sydyn iawn, mewn mater o oriau o bosib. Ond yn Ioan, gwelwn gyfeiriad at bedwar deg diwrnod. Mae Actau 1:3 yn cyfeirio at bedwar deg diwrnod, ond mae Luc yn carlamu trwy amser.

Un peth sy'n amlwg drwy'r Efengylau yw bod yr Iesu atgyfodedig yn fyw, mewn cnawd. Efallai iddo newid rywfaint, ond nid ysbryd a welent. Yn Mathew a Luc, gwelwn gyfeiriadau at fwyta ac yfed a thorri bara. Nid agweddau o fodolaeth ysbrydol yw'r rhain, felly maent yn ein cyfeirio'n ôl at Dduw a'i bŵer enfawr, sy'n dangos ei gariad i ni. Mae wedi ein caru gymaint, nes iddo adael i'w Fab farw dros ein pechodau. Ond hefyd, yn ei gariad at Iesu, yr hwn a wnaeth ei ewyllys, mae'n ei atgyfodi fel arwydd o'r cariad sydd rhyngddynt.

Mae'r ffaith bod Iesu wedi ei atgyfodi yn bwysig i ni, oherwydd:

- **Y Crist Byw**: Mae'n rhoi gobaith i'r rhai sy'n credu. Trwy ffydd a bedydd, y mae'r Cristion yn dod yn un â'i Iachawdwr. Ond dywed Paul nad yw popeth wedi ei gyflawni, a bod yn rhaid i ninnau newid ein bywydau'n hollol.
- **Crist yn dychwelyd**: Dywedodd Iesu bod yn rhaid iddo fynd i rywle na allai'r disgyblion fynd gydag ef. Ond, cofiwn iddo ddweud yn Ioan, "Ni adawaf chwi'n amddifad; fe ddof yn ôl atoch chi," (Ioan 14:18). Disgwyliwn ei ailddyfodiad.

Mae'r atgyfodiad ar y trydydd dydd yn rhywbeth sy'n cysylltu'n uniongyrchol â theimladau pob unigolyn. Yn y pen draw, mater o ffydd ydyw. Os nad ydym yn credu yn yr atgyfodiad, sut y gallwn ni ddweud ein bod ni'n dilyn Iesu?

Gyda hyder a nerth, canwch emyn E. Cefni Jones (CFf 550) "Pan oedd Iesu dan yr hoelion".

Trafodaeth:

❖ Pwy oedd y dyn ifanc yn y wisg wen? A beth oedd ei swydd? (Adnod 5)

❖ Pam y dywedir bod Iesu wedi "mynd o'ch blaen chwi i Galilea"? (Adnod 7)

❖ Edrychwch ar emyn J. Henry Jones (CFf 561). Sut mae'n gwneud i chi deimlo?

❖ Sut fyddech chi'n disgrifio'r atgyfodiad i rywun nad yw'n Gristion?

32. Cyfnod o ofn ac amheuaeth?

Nid oedd Thomas, a elwir Didymus, un o'r Deuddeg, gyda hwy pan ddaeth Iesu atynt.
(Ioan 20:24)

Darlleniad: Ioan 20: 19-31.

Myfyrdod:
Roedd y disgyblion wedi teimlo iselder mawr ar ôl colli eu cyfaill, Iesu, yr athro arbennig o Nasareth. Yn waeth na hynny, roedd un ohonynt wedi ei fradychu, un arall wedi ei wadu deirgwaith, ac ar y diwedd, pan oedd ef angen ei gyfeillion, aethant oll i guddio.

Ond nawr, roedd rhywbeth wedi digwydd, roedd y merched a oedd mor hoff o Iesu wedi bod i'r fynwent, ac adroddent stori ryfedd iawn bod Iesu wedi codi o'r bedd. Aeth rhai ohonynt yno, ac yn wir roedd y bedd yn wag. Ac yn awr, mae'r rhan fwyaf ohonynt wedi dod at ei gilydd mewn ystafell yn rhywle, ac wedi cloi'r drysau rhag i'r Iddewon wybod beth oedd yn mynd ymlaen. Yn sydyn, mae Iesu'n ymddangos yn eu canol ac yn dweud, "Tangnefedd i chwi!" (Adnod 19). Wedi'r sioc o'i weld, tawelodd y rhai yn yr ystafell a profodd Iesu iddynt mae ef oedd yno. Dangosodd ei greithiau iddynt, ac ar ôl gwneud hyn, "Anadlodd arnynt a dweud: "Derbyniwch yr Ysbryd Glân,"" (Adnod 22). I'r rhai a oedd yn bresennol, mae'n siŵr eu bod wedi eu llenwi â llawenydd. Roedd Iesu wedi gorchfygu marwolaeth, fel ag yr oedd wedi dweud wrthynt o'r blaen, ac roedd yn ôl gyda nhw. Ond roedd yna rywbeth gwahanol amdano, rhywbeth na allent ei amgyffred ar y pryd. Roedd wedi dychwelyd gyda phŵerau arallfydol, ac roedd yn gallu ymddangos ble bynnag a phryd bynnag y mynnai. Roeddent wedi gweld gwyrthiau o'r blaen, felly nid oeddent yn poeni mwyach.

Ond roedd rhywbeth o'i le; nid oedd pawb yn bresennol yn yr ystafell. Wel, roedd Jwdas Iscariot wedi diflannu, ac roeddent yn falch, oherwydd roedd wedi bradychu Iesu i'r awdurdodau Iddewig, am arian. O'r fath gywilydd! Ac roedd un arall o'r disgyblion wedi bod i ffwrdd am ryw reswm, Thomas oedd hwn. Ie, Thomas un o'r efeilliaid (*Didimus*), a phan glywodd yr hyn a ddywedai ei gyfeillion, nid oedd yn eu credu. Roedd hyn yn amhosib, sut allai Iesu ddod yn ôl? Doedd dim modd iddo gredu heb iddo weld a chyffwrdd y creithiau ei hun, meddai!

> Pan fo anghrediniaeth chwerw
> heddiw'n cau amdanom ni,
> pan ddiffygia'r breichiau dynol
> yn ein gwendid clyw ein cri;
> treigla'r meini,
> Arglwydd, rhyngom a thydi.
>
> [CFf 551. O.T. Evans]

Mae'n hawdd deall ansicrwydd Thomas; efe oedd yr un a oedd yn gofyn y cwestiynau mawr i Iesu o hyd. Gwelwn enghraifft dda iawn yn Ioan 14: 5, lle mae'n gofyn: "Ni wyddom i ble'r wyt yn mynd? Sut gallwn wybod y ffordd?" A chofiwch ateb Iesu iddo, mai Ef oedd y ffordd a'r gwirionedd a'r bywyd ac na fyddai neb yn dod at y Tad ond trwyddo Ef. Teimlir bod gan Thomas swyddogaeth arbennig yn y storïau hyn, efallai mai ef oedd yn gofyn y cwestiynau yr oedd pawb arall am eu gofyn. Efallai bod Thomas yn gofyn rhai o'r cwestiynau y byddem ninnau yn eu gofyn heddiw, a bod yr atebion wedi eu cofnodi yn y Testament Newydd eisoes.

Agwedd arall o natur Thomas a welwn, yw'r ansicrwydd hwnnw sy'n amlygu ei hun yn y mwyafrif o'r cofnodion amdano yn yr Efengylau. Gan ei fod yn un o efeilliaid, mae'n bosib ei fod yn sensitif i bethau allanol. Yn y byd meddygol a seicolegol modern, gwyddom fod yna berthynas agos iawn rhwng efeilliaid fel arfer; mor gryf weithiau fel eu bod yn 'teimlo' poen ei gilydd. Ni wyddwn sut y mae hyn yn digwydd, ond efallai bod Thomas hefyd yn ddyn sensitif iawn, ac wedi bod ar y cyrion yn dilyn Iesu ac nad yw'n siŵr iawn beth i feddwl ohono. Efallai bod gan Thomas ddau gwestiwn amlwg yn awr, sef: Pam fod y disgyblion eraill wedi cael gweld Iesu ond y fi? Ai am nad ydw i'n ddigon da i gael ei weld? Dau gwestiwn digon rhesymol i'w gofyn, ac mae'n debyg bod yr atebion yn syml. Roedd Thomas yn rhywle arall, a doedd yna ddim rheswm arbennig!

Efallai bod y disgyblion eraill wedi credu'n syth oherwydd eu bod wedi gweld Iesu â'u llygaid eu hunain. Roeddent yn gallu symud ymlaen â hyder bod yr Arglwydd yn ôl gyda nhw. Ond roedd Thomas ond wedi clywed amdano! Iddo ef, roedd pethau'n aros yn llonydd a ni allai weld sut y gallai dilynwyr Iesu symud ymlaen o dan yr amgylchiadau. Dyna a ddigwyddodd, er mwyn i Thomas gael gofyn y cwestiynau mawr ar ein rhan. Wythnos wedi i hyn ddigwydd, mae Iesu'n ymddangos yn yr un lleoliad unwaith eto, a'r tro yma, mae Thomas yn bresennol. Gofynnodd Iesu iddo gyffwrdd â'r doluriau a'r creithiau ar ei gorff. O ganlyniad i hyn, gwelwn amheuaeth Thomas yn diflannu gan iddo weld bod corff Iesu wedi ei atgyfodi'n hollol ac nad ysbryd oedd yn siarad â nhw. Syrthiodd Thomas o'i flaen gan gyhoeddi, "Fy Arglwydd a'm Duw," (Adn 28). Mae'n bosib mai hwn yw un o'r pethau mwyaf cadarnhaol am gysylltiad Iesu â Duw a welwn yn y Testament Newydd.

Bu i Thomas ofyn llawer o'r cwestiynau y byddem ninnau'n eu gofyn heddiw. Yn y byd technolegol cyfoes hwn, pan mae'n angenrheidiol bod gennym brawf, a llun, a chadarnhâd o bob dim, atebodd Iesu'n syml iawn, "Ai am i ti fy ngweld i yr wyt ti wedi credu? Gwyn eu byd y rhai a gredodd heb iddynt weld," (Adnod 29). Mae hon yn neges fawr i ni heddiw. Tystiodd Thomas ar ein rhan, teimlodd y creithiau, a bu iddo gydnabod Duwioldeb y Mab er ein mwyn ninnau. Bydded i ni gael cysur yn hyn, a bydded i ni gredu heb weld.

O berffaith achubiaeth, mor ddrud ac mor rhad
i bob un a gredo addewid Duw Dad;
i'r pennaf droseddwr yr Iesu a rydd
lawn bardwn pan ddaw at ei Arglwydd mewn ffydd
[CFf 563. cyf. E.H. Griffiths]

Trafodaeth:

❖ Pam oedd y disgyblion yn ofni'r Iddewon? (Adn 19).

❖ Beth yw ystyr y geiriau yn Adn 23? Pwy all faddau heddiw?

❖ Sut fyddech yn disgrifio'r ffordd mae Iesu'n gallu ymddangos yn yr ystafell?

❖ A oes angen i ni roi ein dwylo ar y creithiau cyn i ni gredu?

33. **Adolygu - Cadarnhau perthynas a Christ:**

Yr wyf wedi eich galw yn gyfeillion Ioan 15:15

Darlleniad: Ioan 15: 1-17.

Myfyrdod:
Dyma un o'r galwadau mawr i ni sydd yn credu; yr alwad i *gyfeillgarwch* Iesu. Yr oedd wedi galw'r bobl am dros gyfnod i fod yn ddisgyblion iddo. Roedd wedi galw'r rhai a'r lan y môr i fod yn *bysgotwyr dynion*, a galw Mathew oddi wrth ei waith yn codi a chyfri tollau. A daeth llawer arall, yn ddynion a marched i fod yn ddilynwyr iddo; a bu'r rhifau'n cynyddu ar draws y wlad.

Mewn ffordd roedd pob galwad cyn y digwyddiad a nodir yn Efengyl Ioan yn fath o arweiniad i'r gwahoddiad yma i fod yn gyfeillion. Teimlir bod hyn efallai yn syfrdanol, a newydd mewn crefydd ar y pryd. Dyma mewn ffordd yw 'hanfod y ffydd Gristnogol'. Bu i rywrai son am hanes gwyddoniaeth ganrifoedd yn ôl, lle gwnaeth *Copernicus* greu chwildro yn y byd naturiol wrth iddo gyhoeddi bod y planedau yn troi oddi amgylch yr haul. Felly, synhwyrodd bod ein byd ni'n ddibynnol arno i'n cynhaliaeth. Er bod y syniad ddim yn newydd, a bu i rai o'r Groegwyr Clasurol ddadlau am y posibilrwydd hwn, cyhoeddodd Copernicus ei syniadau mewn cyfnod lle'r oedd awdurdod yr eglwys yn cael ei herio o bob ochr. Ac nid oedd pawb yn hapus!

Mewn ffordd roedd Iesu'n achosi chwildro tebyg i Gopernicus ym myd crefydd. Roedd wedi dechrau symud y pwyslais o fyd y gyfraith, a ddaeth o Dduw drwy'r arweinwyr cyntaf a'r proffwydi, i fyd lle'r oedd Iesu yn datblygu'r syniad o gariad at ein gilydd. Roedd y cyntaf yng nghlwm a byd Moses a Deuteronomium, a'r ail yn cael ei gyhoeddi yn arbennig yn Efengyl Ioan. Dywedodd un o'n nghyfeillion unwaith "Os gwnewch chi feddwl am beth oedd Copernicus yn dadlau a'i droi at ffydd yn Iesu, gwelwn mai cariad yw'r haul yn y syniad syml hwn. Oddi amgylch y cariad hwn mae pob peth yn troi yn y byd Cristnogol." Syniad gwahanol, ond hawdd ei ddeall. Mewn byd a welodd cymaint o anrhefn ac atgasedd yn y blynyddoedd diwethaf, efallai mai'n addas i ni edrych ar y syniad o'n perthynas yma ac Iesu.

O am deimlo cariad Iesu
yn ein tynnu at ei waith,
cariad cryf i gadw'i eiriau
nes in gyrraedd pen ein taith;
cariad fwrio ofnau allan,
drygau cedyrn rhagddo'n ffoi
fel na allo gallu'r fagddu
beri inni'n ôl i droi.
[CFf 733. Gomer]

Mi welwn yn yr adnodau hyn, Iesu'n pwyslcisio nad gweision ydym bellach, ond ei gyfeillion; a rhai sydd wedi derbyn cyfrifoldebau arbennig i'r dyfodol. Yn y cyfnod cyn y croeshoelio gwelwn fod y berthynas rhwng Iesu a'i ddisgyblion agosaf wedi aeddfedu. Maent wedi cael ei hyffordd, maent wedi bod allan yn cenhadu ac yn paratoi'r ffordd iddo Ef fynd i bregethu a siarad mewn mannau newydd. Tybiwn fod yna elfen gref o ymddiried o'r ddwy ochr, oherwydd roeddent yn aml yn gorfod mynd allan fesul dau, i leoedd lle nad oedd yna lawer o groeso.

Os ydym yn teimlo bod gwasanaeth yn elfen angenrheidiol mewn eglwys, ac mewn addoliad, cofiwn hefyd am orchmynion Iesu. Mae Ioan yn cadarnhau hyn wrth gofnodi Iesu'n dweud rhywbeth pwysig ofnadwy. (Adn 12): "...Dyma fy ngorchymyn i; carwch eich gilydd fel y cerais i chwi. Nid oes gan neb gariad mwy na hyn, sef bod rhywun yn rhoi ei einioes dros ei gyfeillion." Wrth i ni arfer ein ffydd, troir y dyletswyddau yn wasanaeth cyfeillgar a dedwydd, a'i gwneuthur yn ôl cyfarwyddyd ein Harglwydd Iesu.

O na bawn yn fwy tebyg
i Iesu Grist yn byw,
yn llwyr gysegru 'mywyd
i wasanaethu Duw:
nid er ei fwyn ei hunan
y daeth i lawr o'r ne'
ei roi ei hun yn aberth
dros eraill wnaeth efe.
[CFf 712. Eleazar Roberts]

Bu i'r Athro John McMurry gwahaniaethu cyfeillgarwch wrth ddefnyddio dau air Saesneg sef *Friendlyness* a *Friendship*. Dywedodd mai 'nid teimlo'n garedig yn achlysurol y mae'r gwir Gristion yn ei wneud, ond byw mewn cariad cyfeillgar yn wastadol'. Y mae pobl y byd yn gallu bod yn eithaf cyfeillgar ar adegau, fel y gwelsom i'r ymateb dyngarol i'r *Tsunami* yn 2004. Yno bu Cristnogion, a phobl o bob traddodiad yn helpu ei gilydd oherwydd bod y trychineb mor erchyll. Ond i'r Cristion, efallai mai'r cariad yma yn dod yn 'reol bywyd i gyfeillion Crist'.

Gwnaeth Iesu'r syniad o gyfeillgarwch yn holl bwysig, a dyma'r neges i ni ei gofio. Roedd Iesu'n gallu bod yn gyfaill i bawb oedd yn ei dderbyn, gan gynnwys pechaduriaid a phobl oedd yr Iddewon yn ei dirmygu. Gwnaeth llawer o ffrindiau, a dilynwyr o fyd y cenhedloedd hefyd. Y cwestiwn mawr i ni heddiw: a ydym ni yn gyfeillion i Iesu Grist? Ac a ydym wedi ateb yr alwad i'w gyfeillgarwch ei hun?

Un a gefais imi'n gyfaill,
pwy fel efe!
Hwn a gâr yn fwy nag eraill,
pwy fel efe!
Cyfnewidiol ydyw dynion
a siomedig yw cyfeillion;
hwn a bery byth yn ffyddlon
pwy fel efe!

Trafodaeth:

❖ Esboniwch "ar wahân i mi ni allwch wneud dim". (Adn 5).

❖ A wnaeth emyn Robert ap Gwilym Ddu (CFf 300) wneud argraff arnoch?

❖ Pa fath o gyfeillion ydym ni i Iesu Grist heddiw?

❖ Pa mor anodd yw i'r byd gadw'r gorchymyn yn Adn 17?

Tymor yr Haf

34. Dewisiadau personol - cyfnod etholiadau

"Pam yr ydych yn galw 'Arglwydd, Arglwydd' arnaf, a heb wneud yr hyn yr wyf yn ei ofyn? ... (Luc 6:46)

Darlleniad: Luc 6: 37-45.

Myfyrdod:
Dechreuwn dymor yr haf, gobeithio, gyda thywydd braf a heulog. Cyfnod i ni ymlacio rywfaint a pharatoi am wyliau.

Wrth edrych drwy lyfrau'r cwmnïau teithio, gwelwn fod yna lawer iawn o ddewis. Teithiau i bob man, am bob math o brisiau. Rhai yn ddrud ac eraill yn edrych braidd yn amheus oherwydd y gost isel! Ac efallai, mai dyna sut y mae'r byd Cristnogol yn edrych i rywun o'r tu allan. Yn aml wrth i ni ymchwilio'n lleol am rywbeth i'w wneud yn ystod ein hamser hamdden, byddwn yn chwilio am rywle cyfleus, a gofyn faint yw'r gost i ymuno â chlybiau hamdden neu chwaraeon. A yw pobl yn gofyn faint yw'r gost i fod yn Gristion? Byddai'n anodd iawn rhoi pris mewn termau aur ac arian arno, ond mae yna gost i bob un ohonom.

Un o'r pethau cyntaf a welwn wrth ddilyn Iesu yw bod yn rhaid i ni wneud penderfyniadau, ac mae hynny'n rhywbeth y mae llawer ohonom yn ceisio ei osgoi yn ein bywydau. Yn y Testament Newydd, gwelwn fod Iesu'n hoff iawn o ddefnyddio ac adrodd storïau i'w ddisgyblion a'i ddilynwyr. Mewn llawer o'r storïau a ddefnyddia, ceir dau neu dri ateb i'r gwersi a gyflwyna. Bob tro, gwelwn fod yna wers arbennig sy'n cyfeirio at ein profiadau, ac yn aml, maent yn ymwneud â'r byd moesol ac ysbrydol, ein profiad o ffydd ynddo Ef, a'n perthynas â Duw.

Stori syml iawn sy'n cael ei hadrodd yn rhan olaf Pennod 6 o Efengyl Luc; a gwelwn stori debyg iawn iddi ym Mhennod 7 o Efengyl Mathew. Mae'r rhan fwyaf o'r storïau hyn yn edrych fel petaent wedi eu hadrodd ar ddechrau gweinidogaeth Iesu. Ac mae neges y stori dan sylw yn ymwneud ag adeiladu tŷ, a'r disgrifiadau o sut fath o sylfaen sy'n addas. Diddorol yw sylwi sut y mae Iesu'n disgrifio'r hyn sy'n mynd ymlaen yn eu plith wrth ddechrau'r stori. Defnyddir y geiriau a nodwyd ar ddechrau'r wers i ofyn iddynt pam nad ydynt yn gwneud yr hyn y mae'n ei ofyn! Ond beth am y frawddeg nesaf? "Pob un sy'n dod ataf ac yn gwrando ar fy ngeiriau ac yn eu gwneud, dangosaf i chwi i bwy y mae'n debyg," (Adnod 47). Yna, cyfeiria Iesu at y dyn 'call', yr hwn sy'n paratoi yn fanwl ac yn adeiladu'n llwyddiannus. Petawn ni'n rhannu'r dyfyniad yn ddarnau, byddem yn gweld fod yna dri rhan yn ymddangos:

(1). **Pob un "sy'n dod ataf"**.
Wrth edrych ar sefyllfa'r ffydd Gristnogol yng Nghymru heddiw, gwelwn cyn lleied o bobl sy'n ymddangos i fod yn dod at Iesu yn eu bywydau. Ond cofiwch, tra'r oedd Ef yn adrodd y storïau yng Ngalilea, dim ond ychydig o bobl oedd yn dod ato Ef hefyd ar y dechrau. Erbyn heddiw, mae rhan fwyaf o'r byd wedi clywed amdano, ond yr allwedd air yma, yw 'DOD ATAF'. Mae'r gwahoddiad yna, ac yn eithaf clir, ond eto, credaf bod pobl yn poeni am y gost bersonol sy'n ymwneud â hyn. Maent yn ofni'r ymrwymiad sy'n dod wrth gymryd Iesu i'w bywydau. Ond hwn yw'r cam cyntaf i fod yn Gristion!

(2). **Yn gwrando ar fy ngeiriau**.
Mae'r Testament Newydd wedi ei gyfieithu i'r mwyafrif o ieithoedd y byd erbyn hyn, ond eto, nid yw ar gael i bawb ym mhob gwlad am amryw o resymau. Ond, os ydym wedi clywed Ei lais, drwy inni gael ein dysgu mewn eglwys o ryw fath neu mewn ysgol, mae'n rhaid i ni fod yn barod i wrando. Os ydym ond yn gwrando ar ein lleisiau ein hunain, ni fyddwn yn clywed Iesu.

Cofir ein bod ar hyn o bryd yng nghyfnod etholiadau sirol. Efallai y dylai'r rhai sy'n ceisio cael eu hethol wrando ar y rhai y maent yn dymuno eu cynrychioli. Ond ar lefel llawer uwch i bethau politicaidd, pan glywch lais yr Arglwydd yn galw, gwrandewch yn astud arno. Oherwydd yn union fel ag mewn etholiad, y mae'n rhoi mwy nag un dewis i chi! Hwn yw'r ail gam i'w ddilyn.

(3). **Yn eu gwneud**.
Os ydym wedi dod at Iesu ac yn gwrando ar ei eiriau, y mae'n holl bwysig ein bod ni'n ddigon dewr i wneud yr hyn y mae'n gofyn. Mae'n

hawdd osgoi ein dyletswyddau, ac mae gan bob un ohonom lu o resymau am wneud hynny! Ond, mae gennym hefyd ddyletswyddau fel aelodau ac fel eglwysi i siarad yn blaen ar ran ein cymunedau a'n cymdeithas pan fydd pethau'n mynd o'i le. Nid yw Iesu am i ni gadw'n dawel a chuddio pan fydd yna bethau pwysig i'w trafod. Hwn yw'r trydydd cam.

Rwy'n cofio rhywun yn 'canfasio' ar gyfer etholiad ryw dro, ac yn dod i'r drws i siarad â mi. Ei gwestiwn mawr oedd, "A ydych wedi gwneud eich dewis eto?" Gofyn am yr etholiad ydoedd, ond yn sydyn daeth emyn i'm cof:

Yma nid oes gennym ni
neb yn arglwydd ond tydi;
ac ni cheisiwn arall chwaith
oesoedd tragwyddoldeb maith.
[CFf 206. R.J. Derfel]

Roedd Iesu'n dysgu pobl drwy ddefnyddio storïau cyffredin, rhai y gallai pobl eu deall. Daeth i gyfarfod â llawer a oedd yn ceisio'r gwirionedd ysbrydol, ac roedd yn ei rannu gyda hwy. Roedd yn newid bywydau'r rhai a oedd yn wirioneddol barod i edifarhau a gofyn am faddeuant pechodau. Cofiwn mai unigolion dros dro yw'r ymgeiswyr politicaidd sy'n ceisio ein pleidlais, ac ni fydd llawer ohonynt yn gallu cyflawni eu haddewidion! Ond mae Iesu'n wahanol! Cafodd ei atgyfodi i fywyd tragwyddol, i lywodraethu ar ein bywydau. Os ydym yn gwrando ar ei lais ac yn gwneud yr hyn y mae'n ei ofyn, byddwn ninnau hefyd fel y dyn hwnnw a adeiladodd ar sylfaen gadarn. Pan ofynnodd y dyn wrth y drws wrthyf, "Pwy ydych chi am bleidleisio iddo?", ni roddais ateb iddo. Ond mae gan Williams Pantycelyn (CFf 305) yr ateb.

Trafodaeth:

❖ A ydym ni'n gwneud yr hyn y mae Iesu'n ei ofyn? Bob amser?

❖ Faint ohonom sydd wedi gorfod ailadeiladu oherwydd cyflwr ein sylfaen?

❖ Sut ydych chi'n disgrifio eich ymrwymiad i ddilyn Iesu?

❖ Pwy oedd y person cyntaf a ddangosodd i chi bod Crist yn eich caru?

35. **Wythnos Cymorth Cristnogol**

Gwyn ei fyd y sawl sy'n ystyried y tlawd. (Salm 41:1)

Darlleniad: Salm 41: 1-13.

Myfyrdod:
Heddiw, gadewch i ni edrych ar waith *Cymorth Cristnogol*, sy'n gweithio a'r draws y byd i gynorthwyo pobl mewn angen. Rwy'n siŵr bod llawer o'n heglwysi, o bob traddodiad, yn cynorthwyo yn eu hymgyrch flynyddol er mwyn hyrwyddo'r gwaith ac i godi arian tuag at brosiectau rhyngwladol.

Daw'r geiriau uchod o adnod gyntaf, Salm 41, ac mae'n delio â rhywbeth sydd wedi bodoli yn ein byd ers canrifoedd lawer. Ystyrir y thema *tlawd neu dlodi,* yn aml iawn yn y Beibl; yn enwedig gan Iesu. Gwelwn wrth edrych ar y Salm a mannau eraill, bod llawer o'r llwythau cynnar yn hanes yr Iddewon wedi dioddef oherwydd eu tlodi hefyd. Roedd eu sefyllfa'n anodd oherwydd:

(1). **Y Tywydd**.
Ardal boeth a sych a chaiff ei disgrifio yn y Beibl, a bu tyfu cnydau'n anodd iawn mewn rhannau o'r wlad, oherwydd bod dŵr mor brin yn aml. Mae'r sefyllfa wedi newid rywfaint erbyn heddiw gyda'r datblygiadau mewn technoleg dyfrhad, ond erys yr ardal yn sych iawn.

(2). **Llwythau'n ymladd**.
Mae'r sefyllfa hon yn dyddio'n ôl at gyfnod Genesis, pan welwyd problemau rhwng y llwythi mewnol â'i gilydd, a hefyd, gyda'r gwledydd cyfagos ar hyd y canrifoedd. Yn anffodus, yr un yw'r broblem yn yr ardal heddiw.

(3). **Poblogaeth yn datblygu**.
Bu iddynt orfod dibynnu ar gymorth o'r tu allan yn aml, ac yna yn ystod eu hanes hir, gwelwn bŵerau estron yn gorchfygu'r Iddewon, oherwydd eu bod am gymryd drosodd eu systemau amaethyddol llwyddiannus.

Yn Salm 41, gwelwn ryw unigolyn yn 'siarad â Duw' ac yn gweddïo am adferiad iechyd yn gorfforol ac yn ysbrydol. Dywedir bod y sawl sy'n gallu cynorthwyo eraill sydd mewn angen yn un hapus. A dyna yn wir yw gobaith *Cymorth Cristnogol*, bod pobl yn gallu cynorthwyo ei gilydd.

Yn amlwg, profodd y Salmydd broblemau yn ei fywyd ei hun, ond sylweddola hefyd bod Duw wrth law i roi cymorth iddo. Drwy'r Salm felly, gwelwn ef yn peintio darlun o'i broblemau meddygol a sut y mae'n teimlo. Tybiaf y gall rhai o'n cyfeillion ni heddiw gydymdeimlo â'r gŵr hwn, oherwydd eu gwaeledd a'u profiadau o dderbyn triniaeth feddygol dros lawer o flynyddoedd.

Mae'n nodedig bod pobl yr oesoedd cynt hyd yn oed yn gallu meddwl y gwaethaf am rywun sâl, "Y mae rhywbeth marwol wedi cydio ynddo ac ni chyfyd eto," (Adnod 8). Yn ei wendid dywedir pa mor unig y mae'n teimlo, ond mae'n sicr o un peth, sef ei ddibyniaeth ar y Duw Hollalluog. Mae'r Salm hon, mewn ffordd, yn cofnodi darn pwysig yn hanes y Salmau. Oherwydd hon yw'r olaf yn llyfr cyntaf y Salmau; ac mae'n gorffen trwy ddiolch i Dduw am fod mor garedig wrtho, "Wrth hyn y gwn dy fod yn fy hoffi, byddi di'n fy nghynnal ac yn fy nghadw yn dy bresenoldeb byth," (Adnodau 11-13).

Erbyn cyfnod y Testament Newydd, gwelwn y testun o dlodi unwaith eto'n codi yn nysgeidiaeth Iesu. Sylweddolwn wrth edrych ar y *Gwynfydau* (Mathew 5 a Luc 6), bod Iesu'n pwysleisio'r angen i gynorthwyo eraill. Gwelwn hefyd nad yw'n edrych ar sefyllfa faterol bywydau pobl yn unig, "Gwyn eu byd y rhai sy'n dlodion yn yr ysbryd, oherwydd eiddynt hwy yw teyrnas nefoedd," (Mathew 5:3).

Felly, mae'n bosib sylwi ar yr angen i gynorthwyo'r rhai sydd yn dlawd yn ysbrydol hefyd. Mae yna lawer o bobl mewn teuluoedd neu mewn perthynas lle nad oes yna gariad, na lle iddynt. Mae llawer yn dioddef o iselder ysbryd am eu bod yn teimlo'n *unig* ac *ar goll*. Gall hyn effeithio ar bobl o bob oed, o bob cefndir ac ym mhob gwlad, ac mae'n waeth fyth ar y rhai sy'n byw mewn llefydd sy'n wynebu newyn neu sychder yn rheolaidd.

Mae angen i ninnau, drwy gynorthwyo mudiadau elusengar fel *Cymorth Cristnogol*, helpu'r bobl sydd mewn gwledydd anghenus ac sydd angen ein gweddïau, i wneud gwahaniaeth:

□ trwy ymdrechu i gynorthwyo'r bobl i allu cyd-fyw yn gytûn â'i gilydd.
□ wrth gynorthwyo i ymchwilio a sefydlu ffyrdd newydd o amaethyddiaeth, fel y gall pobl dyfu cnydau mwy addas i'r amgylchiadau, ac iddynt allu bwydo eu hunain.
□ trwy ymgyrchu i baratoi systemau dŵr glân, carthffosiaeth a meddyginiaeth effeithiol sydd ar gael i bawb, yn enwedig yn y mannau lle ceir malaria, typhoid neu HIV/AIDS.

Ond eto, o'r trafferthion hyn daw gobaith, oherwydd y mae llawer o'r bobl yr ydym yn poeni yn eu cylch yn bobl sy'n adnabod ac yn caru'r Arglwydd Iesu. Hyd yn oed yn y 'Trydydd Byd' a'r 'Byd sydd mewn Angen', mae yna lawer iawn o bobl sy'n aelodau o eglwysi Cristnogol, ac mae'r niferoedd yn cynyddu. Gadewch i ni felly, weddïo dros bawb sydd mewn angen ar draws y byd ac yn ein cymunedau lleol, a boed i ni fod yn barod i gynnig cymorth fel ag y gallwn. Cofiwch eiriau Iesu, "Llawenhewch a gorfoleddwch, oherwydd mae eich gwobr yn fawr yn y nefoedd," (Mathew 5:12).

A glywaist ti waedd yr anghenus
o'i dlodi yn anterth ei drin?
Mae'n ymbil o galon ddolurus
am nerth a chynhaliaeth i'r blin:
ymateb i'w gri yn drugarog,
rho brawf fod tosturi yn fyw,
mewn angen mae eisiau cymydog
sy'n tystio bod gras wrth y llyw.

[CFf 843. D. Hughes Jones]

Trafodaeth:

❖ Beth yw eich sylwadau am Salm 41? A ydym ni'n teimlo'r un fath â'r Salmydd?

❖ A ydych chi fel eglwys yn gwneud rhywbeth i gynorthwyo *Cymorth Cristnogol*?

❖ Pa mor addas yw'r *Gwynfydau* i'n byd ni heddiw?

❖ Edrychwch ar emyn Siôn Aled (CFf 828), wrth ystyried neges Salm 41.

36. Dyrchafael

Wŷr Galilea, pam yr ydych yn sefyll yn edrych tua'r nef? (Actau 1:11)

Darlleniad: Llyfr Actau'r Apostolion 1: 1-14.

Myfyrdod:
Wrth i ni gofio'r adeg arbennig hon, sylweddolwn iddi ddigwydd yn ystod yr wythnos. Felly, fe'i gwelwn fel arweiniad i'r Pentecost (neu'r Sulgwyn fel yr arferir ei galw mewn llawer eglwys). Digwyddodd yr atgyfodiad dros fis yn ôl, ac ni allai'r bobl weld sut y byddai pethau'n datblygu.

> Esgynnodd mewn gogoniant llawn
> goruwch y nefoedd fri;
> ac yno mae, ar sail ei Iawn,
> yn eiriol drosom ni.
> [CFf 543. Eryron Gwyllt Walia]

Roedd cyfeillion Iesu wedi ei adnabod ers dros tair blynedd; ond eto roedd llawer ohonynt yn ansicr o beth fyddai'n digwydd nesaf. Roedd Iesu wedi eu paratoi ar gyfer yr amser y byddai'n cael ei alw'n ôl at ein Tad Nefol. Ac am dros pum wythnos ar ôl yr atgyfodiad, ymddangosodd nifer o weithiau o flaen ei deulu, ei ffrindiau a'i ddilynwyr. Ond parhau i gyhoeddi'r newyddion da a wnaeth.

Dywed Adnod 3, "Dangosodd ei hun hefyd iddynt yn fyw, wedi ei ddioddefaint, drwy lawer o arwyddion sicr, gan fod yn weledig iddynt yn ystod y deugain diwrnod a llefaru am deyrnas Duw." Ni ellid newid y dystiolaeth yma gan eraill, ei elynion, oedd yn gwadu'r atgyfodiad. Y ddwy allwedd-air yn y darn yma yw YN FYW ac YN WELEDIG.

Cyn iddo gael ei gymryd i fyny i'r nefoedd, daeth Iesu ynghyd â rhai o'i ddilynwyr a bu iddynt drafod yr hyn a oedd yn digwydd. Cwestiwn a ofynnwyd gan rywun oedd, "Arglwydd, ai dyma'r adeg yr wyt ti am adfer y deyrnas i Israel?" (Adnod 6). Cwestiwn mawr i'r rhai a oedd yn ei ddilyn rwy'n siŵr; ac mae ei ateb yn Adnod 7 yn un trawiadol, "Nid chwi sydd i wybod amseroedd neu brydiau y mae'r Tad wedi eu gosod o fewn ei awdurdod ef ei hun, ond fe dderbyniwch nerth wedi'r Ysbryd Glân ddod arnoch, a byddwch yn dystion i mi ...." Yn amlwg, nid oedd Duw am ddatgelu ei fwriad eto, a byddai'n rhaid i bawb aros nes y byddai'n barod.

Yn ôl Luc, roedd llawer wedi cael problemau gyda'r atgyfodiad, oherwydd yr oedd y tu hwnt i'w profiadau arferol. Bu'n rhaid i Iesu orfod atgoffa ei ddilynwyr, ar y ffordd i Emaus, "mor araf yw eich calonnau i gredu'r cwbl a lefarodd y proffwydi," (Luc 24:25). Ond efallai y dylwn gydymdeimlo â'r rhai hyn. Nid yw natur fel arfer yn gadael i rywun atgyfodi yn y modd y gwnaeth Iesu, ac nid oes syndod fod yna rywfaint o amheuaeth.

Ond gwelwn un peth sy'n amlwg yn yr adroddiadau am y cyfnod hwn. Mae tystiolaeth o'r Efengylau a Llyfr yr Actau yn nodi bod dilynwyr Iesu yn dangos eu dewrder, oherwydd roeddent mewn sefyllfa lle'r oedd llawer o bobl yn ymdrechu i wneud i ffwrdd â'r sect yma, dilynwyr y saer coed o Nasareth. Cofiwch, i'r awdurdodau a'r bobl gyffredin, sect Iddewig oedd y grŵp yma ar y pryd. Gwelwn fod yna ddewrder amlwg, oblegid bu i lawer ohonynt golli eu bywydau oherwydd eu ffydd. Ond nid oedd ganddynt unrhyw amheuaeth ei fod Ef yn fyw.

Wrth iddynt sefyll gydag Iesu yn y man a nodir, nid yw'n syndod ei fod wedi eu gadael mewn ffordd mor wahanol hefyd. Ni ddiflannodd, fel y cofnodwyd ar y ffordd i Emaus, ond yn hytrach, "Wedi iddo ddweud hyn, a hwythau'n edrych, fe'i dyrchafwyd, a chipiodd cwmwl ef o'u golwg," (Actau 1:9). Roedd ar ei ffordd adref, wedi cyflawni ewyllys ei Dad.

Ond cyn iddo ymadael, rhoddodd gomisiwn arbennig i'w ddisgyblion, "Rhoddwyd i mi, meddai bob awdurdod yn y nef ac ar y ddaear. Ewch gan hynny, a gwnewch ddisgyblion o'r holl genhedloedd, gan eu bedyddio hwy yn enw'r Tad, a'r Mab a'r Ysbryd Glân, a dysgu iddynt gadw'r holl orchmynion a roddais i chwi. Ac yn awr, yr wyf fi gyda chwi yn wastad hyd ddiwedd amser," (Mathew 28:18-20).

Felly, fel dilynwyr Iesu Crist (sef y Meseia), rydym yn dystion trwy'r canrifoedd i'w atgyfodiad a'i ddyrchafiad at ein Tad sydd yn ei deyrnas nefol. Rhyfedd fu ei enedigaeth, a'i fywyd. Rhyfedd fu ei ddioddefaint a'i farwolaeth; a rhyfedd fu i Dduw ei atgyfodi. Ond mewn bywyd newydd, tragwyddol y mae wedi ei ddyrchafu at ei Dad, i fod yn eiriolwr ar ein rhan. Bydded i ni fynegi ein diolch iddo am yr hyn a wnaeth ar ein rhan, bob un ohonom.

Cydlawenhawn, fe ddaeth angylaidd lu
i'w hebrwng adref i'w orseddfainc fry:
mewn cwmwl gwyn yr aeth o olwg byd,
ond cofio mae am Galfarî o hyd:
ar achub dynion mae ei feddwl ef,
ac achub dynion ydyw gwaith y nef.
[CFf 558. Elfed]

A beth am yr adnod fach yna ar ddechrau'r wers? Wrth iddynt wylio Iesu'n ymadael, mae'r ddau ŵr mewn dillad gwyn (angylion?) yn gofyn iddynt pam eu bod yn edrych i fyny. Oherwydd maent yn cyhoeddi y bydd Iesu'n dychwelyd unwaith eto yn yr un ffordd. Felly, cofient am ei gomisiwn mawr iddynt (Mathew 20: 19-20), ac mae'r comisiwn yna'n fyw o hyd.

Trafodaeth:

❖ Pwy oedd awdur Llyfr Actau'r Apostolion? Ac at bwy yr oedd yn ysgrifennu?

❖ Pa mor bwysig yw'r esgyniad i'n ffydd ni heddiw?

❖ Pam fod gwŷr Galilea gydag Iesu pan ddyrchafwyd ef i'r nef?

❖ Pa mor bwysig yw'r datganiad ar ddiwedd yr adnod yn Actau 1:11?

37. **Sulgwyn - Pentecost**

......llanwyd hwy oll â'r Ysbryd Glân a dechreuasant lefaru â thafodau dieithr... (Actau 2:4)

Darlleniad: Llyfr Actau'r Apostolion 2:1-13.

Myfyrdod:
Mae Llyfr Actau'r Apostolion (neu Actau yn fyr), yn cofnodi hanes cyfnod arbennig dechrau'r eglwys foreol. Mae'n cyfeirio o'r dechrau, ar Ddydd y Pentecost, ac am lawer o flynyddoedd yn ddiweddarach; i'r cyfnod y bu i Paul gael ei garcharu yn Rhufain. Agwedd bwysig o'r Llyfr yw'r ffaith ei fod yn disgrifio'n fanwl sut y bu i Gristnogaeth ledu. Cofnodir y datblygiadau trwy'r gwledydd a adnabyddwn heddiw fel Libanus, Syria, Twrci, Groeg a thrwy wledydd yr Ymerodraeth Rufeinig.

Mae'r Actau hyn yn ymwneud yn bennaf â gwaith Pedr a Paul, a'r profiadau a gawsant wrth iddynt dderbyn cymorth, nerth a hyder trwy'r Ysbryd Glân. A gwelwn batrwm o ddatblygiad cyflym wrth i fwy fwy o bobl dderbyn Arglwyddiaeth Iesu ar eu bywydau. Pwy a ysgrifennodd yr Actau hyn? Yn ôl pob golwg, cyfeiria'r arbenigwyr at Luc, ffrind Paul ac awdur yr Efengyl o'r un enw. Deallwn fod hwn yn ddyn a oedd yn amlwg wedi'i addysgu ac a brofodd ddiwylliant, oherwydd mae'r iaith a'r ramadeg a ddfnyddia o safon uchel a chywir.

Dywedir bod Luc yn gysylltiedig â'r byd meddygol, ac efallai ei fod yn feddyg ei hun. Mae haneswyr yn tybio ei fod yn dod yn wreiddiol o Antiochia, neu Philipi. A dywedir hefyd, mai un o'r cenhedloedd ydoedd (hynny yw, nid oedd o deulu Iddewig). Nid oes yna lawer o wybodaeth ychwanegol amdano, ond mae'r ffaith bod cyn gymaint o'i ysgrifau ar gael o hyd yn bwysig iawn i'n ffydd ni. Hebddo, byddai llawer iawn o'r tystiolaethau personol a nodir, wedi diflannu.

Yn yr hanesion, gwelwn fod Luc wedi mynd ar deithiau arbennig i Jerwsalem, wedi byw am ddwy flynedd yn Cesarea, ac iddo fod gyda Paul ar y fordaith a'r llongddrylliad ar y ffordd i Rufain. Roedd yn adnabod Paul, a Barnabas, a phobl yr eglwysi cyntaf yn Antiochia, Iago (brawd Iesu), a Phylip a'i ferched yn Cesarea. Gwelwn gyfeiriadau ato hefyd yn llythyrau Paul i Timotheus a Philemon.

O'r ffordd y mae'n ysgrifennu, gwelwn ei fod am gael ei ffeithiau'n gywir ac yn drefnus. Bu hyn yn bwysig i'r rhai sy'n astudio'r Testament Newydd, oherwydd wrth ddilyn ei ffordd o ysgrifennu gallwn weld cywirdeb yr adroddiadau eraill sy'n sôn am yr un cyfnodau. Felly, ystyrir gwaith Luc yn waith awdurdodol. Mae'n siŵr bod yna lawer o storïau anghywir am Iesu yn cael eu hadrodd ar y pryd, a llawer ohonynt yn cael eu lledaenu gan Iddewon a oedd yn ei erbyn. Fel rhywun o'r tu allan i Iddewiaeth, gall Luc fod yn ddiduedd wrth ddisgrifio'r hyn a welodd. Nodir hefyd bod Luc yn fawr ei barch am iddo bwysleisio pam ei bod hi'n bwysig i'r holl fyd gael gwybod am Iesu.

I Luc, fel rhywun o'r tu allan, nid rhywbeth i'r Iddewon yn unig oedd hyn. Rhywbeth arall sy'n dechrau ymddangos yn ei waith yw'r pwyslais ar ddiolch i'r awdurdodau Rhufeinig am eu cymorth; a gwelir yma gyfeiriadau bod dilynwyr o'r Ymerodraeth yn rhan o'r mudiad. A pha bryd yr ysgrifennwyd yr Actau? Nid yw'r arbenigwyr yn cytuno'n hollol ar y dyddiadau, ond tybir eu bod ar ôl ei Efengyl, ac o bosib, tua 60-63 OC. Nodir hyn oherwydd nid oes yna unrhyw gyfeiriadau am y problemau Iddewig (yn y cyfnod 66-70 OC), erledigaeth y Cristnogion gan yr Ymerawdwr Nero, nac unrhyw sôn am farwolaeth Paul (oddeutu 67 OC).

A beth am y digwyddiad a gofnodir ar y dechrau? Yng nghalendr yr Iddewon, roedd Gwledd y Pentecost (neu Wledd yr Wythnosau) yn digwydd 50 diwrnod o ddechrau'r Pasg, ac roedd yn dathlu gorffen y cynhaeaf barlys. Roedd hi'n ŵyl deuluol hapus fel arfer, gydag offrwm yn y deml. Roeddent hefyd yn cofnodi eu hachubiaeth o'r Aifft, ac yn derbyn y gyfraith. Ac i ninnau, hwn oedd y dydd y cofnododd Luc i'r Ysbryd Glân ddisgyn ar y disgyblion, a'u llenwi â bywyd newydd a doniau nad oedd ganddynt o'r blaen. Roeddent yn gallu cyfathrebu'r newyddion da mewn ieithoedd gwahanol, ac yn ymddangos yn fwy hyderus. Roedd y bobl a'u gwelodd ac a'u clywodd, yn synnu â'r hyn a ddigwyddodd, ac yn gofyn beth oedd ystyr yr hyn a oedd yn digwydd.

Mae'n anodd iawn disgrifio'r Ysbryd Glân, oherwydd mae'n anweledig; ond mae ei effaith yn gryf ac yn bŵerus. Gwelwn hefyd bod yna dros 250 o gyfeiriadau at y gair Ysbryd Glân yn y Testament Newydd. Cyfeirir ato yn gyntaf yn Efengylau Mathew, Marc a Luc wrth ddisgrifio gwaith Ioan Fedyddiwr, ac yn enwedig ym medydd Iesu ei hun. Bu i

Iesu addo dyfodiad yr ysbryd arbennig hwn i'w ddisgyblion, lle y byddai'n eu cynorthwyo a'u cryfhau ar ôl iddo gael ei alw at ei Dad yn y nef. Felly, mae dyfodiad yr Ysbryd Glân yn arwydd o 'oes newydd', lle maent yn dod yn Apostolion ac yn cymryd y cyfrifoldeb am sefydlu'r eglwysi cyntaf yn enw eu Gwaredwr.

Cofnodir bod yr Ysbryd yn 'gwneud gwyrthiau', a bu i lawer o bobl (gan gynnwys Paul ei hun) newid eu bywydau yn hollol. Ac i ninnau, y rhai sydd wedi dod i ffydd lawer o flynyddoedd wedi'r digwyddiad a gofnodir yn Actau 2; dibynnwn ninnau hefyd ar yr Ysbryd hwn i'n nerthu a'n cryfhau mewn ffydd.

Tydi all ein glanhau
o'n beiau, fawr a mân;
gad inni fyth fwynhau
dy ddoniau, Ysbryd Glân.
[CFf 596. J.J. Williams]

Trafodaeth:

❖ Lle oedd y disgyblion pan ddisgynnodd yr Ysbryd Glân arnynt?

❖ Sut fyddech chi'n disgrifio'r Ysbryd Glân i rywun nad yw'n Gristion?

❖ A ydym yn ymwybodol o'r Ysbryd Glân yn gweithio yn ein cymunedau?

❖ Actau 2: 2 - Disgrifiwch ddyfodiad yr Ysbryd Glân yn eich geiriau eich hun.

38. Cryfder yr Arglwydd

A oes dim yn rhy anodd i'r Arglwydd? (Genesis 18:14)

Darlleniadau: Genesis 18:1-15, Luc 1:5-17 a 26-38.

Myfyrdod:
Gwelwn yn y darlleniad cyntaf o Genesis 18, hanes gŵr o'r enw Abraham a'i wraig Sara yn derbyn gwybodaeth (yn eu henaint) eu bod yn mynd i fod yn rhieni; ac y byddai Sara yn cael plentyn. Roedd y ddau wedi eu syfrdanu i ddweud y lleiaf.

Yn ôl hanes yr Hen Destament, mae'n debyg i Abraham gael ei eni yn ardal Ur y Caldeaid, sydd ar waelod afon Ewffrates, cyn iddi ymuno â'r Tigris i lifo i mewn i Gwlff Persia. Mae hyn yng ngwlad Irac heddiw. Gyda Lot (ei nai) a'u teuluoedd, fe aethant ar hyd y gwledydd cyntefig yn chwilio am ardaloedd i sefydlu cartrefi newydd i'r llwyth. Aethant ymhell gan gyrraedd gwlad Canaan (a'r ardaloedd a elwir Israel heddiw). Fel y gwyddom yn Genesis 13, bu iddynt gyrraedd ac adeiladu allor i'r Arglwydd ym Methel. Yna, bu i Lot symud ymlaen i ardal yr Afon Iorddonen, ac aeth Abraham a'i lwyth i Mamre ger Hebron, lle adeiladwyd allor newydd.

Y stori gyntaf: Genedigaeth Isaac.
Ar ôl yr anghydfod rhwng aelodau'r ddau lwyth teuluol, bu iddynt sefydlu eu cartrefi mewn mannau ymhell oddi wrth ei gilydd. Aeth Lot i ardal ffrwythlon yr afon, a dewis byw ger Sodom. Yn y cyfamser, aeth Abraham i ardal Hebron, ar wahoddiad yr Arglwydd. Dywedid bod Abraham yn ddyn cyfoethog iawn, a bu'n llwyddiannus. Ond eto, nid oedd ganddo ef a'i wraig etifedd yn ôl eu cyfraith. Dywedir yn yr Hen Destament bod Abraham yn hen (100 oed) pan ddaeth yr Arglwydd i ymweld ag ef. Roedd ef a'i wraig yn llawer rhy hen i gael plant. Ond gwelwn dri gŵr yn ymweld, a bu iddynt gael eu cyfarch yn y ffordd draddodiadol, fel cyfeillion ac fel pobl bwysig. Lladdwyd llo, a pharatowyd bwydydd a danteithion i'r ymwelwyr gael gwledda gyda'r teulu. Mae'r ffordd hyn o fyw yn rhan o fywyd y *nomadiaid* yn anialwch Arabia o hyd, ac mae'r croeso yr un mor gyfeillgar.

Ar ôl y wledd, cyhoeddodd un o'r ymwelwyr ei fod wedi dod â newyddion iddynt, "Yna dywedodd yr Arglwydd, "Dof yn ôl atat yn sicr yn nhymor y gwanwyn, a chaiff Sara dy wraig fab,"" (Genesis 18:10). Ers dechrau'r stori, sylweddolwn fod Abraham yn cyfri'r ymwelwyr yma'n rhai arbennig iawn. Dywed yn Genesis 18:3, "F'arglwydd, os cefais ffafr yn d'olwg, paid â mynd heibio i'th was." Wrth ei alw'n *F'arglwydd,* mae'n cydnabod bod y person yma o Dduw ei hun. Tybiwyd mai angylion oedd yr ymwelwyr; rhai a ddaeth i gyhoeddi gwybodaeth oddi wrth yr Arglwydd Hollalluog. A pam dod i weld Abraham yn arbennig? Oherwydd mai ef yw'r cyntaf a glywir yn yr Hen Destament yn cyhoeddi mai ond un Duw sydd. Roedd y tri felly'n gwybod pwy roeddent yn chwilio amdano. Er bod Sara'n amheus o'r newyddion, cyhoeddwyd iddi yn Genesis 18:14, "A oes dim yn rhy anodd i'r arglwydd?" Ac felly y bu, ac fe anwyd iddi fab a elwid Isaac (Genesis 21:1-2). Stori ryfedd ynte? Ond sylwch, mae yna fwy o storïau felly yn y Beibl.

Yr ail stori: Ioan Fedyddiwr.

Mae'r stori hon yn cael ei hadrodd yng nghyfnod y Nadolig, ond wrth edrych ar y dyddiau, dylwn edrych fwy tua'r gwanwyn a'r haf. Roedd Sachareias, yr offeiriad, yn ddyn duwiol iawn, ac roedd ef ac Elisabeth ei wraig yn hen. Nid oedd ganddynt blant; ond dyma ddau angel yn ymddangos i Sachareias ac yn cyhoeddi y byddai ei wraig yn esgor ar fachgen, a dylid ei enwi yn Ioan; ac y byddai eu mab yn berson arbennig iawn. Dywedwyd yn Luc 1:5-25:

- ni fyddai eu mab yn yfed diod gadarn byth, ac felly byddai'n ymwybodol o'r hyn a oedd yn digwydd bob amser.
- byddai'n cael ei lenwi gan yr Ysbryd Glân, cyn iddo gael ei eni.
- byddai llawer o'r Iddewon yn troi'n ôl at Dduw oherwydd ei ddylanwad.
- byddai'n paratoi dyfodiad yr Arglwydd i'r byd mewn ysbryd a nerth.
- byddai hefyd yn paratoi eu pobl at ddyfodiad y Meseia.

Gabriel, angel Duw oedd yno, a dywedodd, "anfonwyd fi i lefaru wrthyt ac i gyhoeddi iti'r newydd da hwn," (Luc 1:19). O fewn misoedd cafodd Ioan ei eni.

Y drydedd stori: Rhagfynegi genedigaeth Iesu.
Pan ddaeth Elisabeth i ddisgwyl Ioan, cafodd un o'i pherthnasau, Mair, ymweliad gan yr angel Gabriel. Dywedodd yntau: "Paid ag ofni oherwydd cefaist ffafr gyda Duw; ac wele, byddi'n esgor ar fab, a gelwi ef Iesu. Bydd hwn yn fawr, a Mab y goruchaf y gelwir ef,... (Luc 1:30-31). Ac mae pawb yn gwybod y ddau hanes diwcthaf yma'n dda iawn.

Beth yw arwyddocâd y storïau hyn i ni?
Nid oedd y tair gwraig yma mewn sefyllfa arferol i gael plant. Roedd y ddwy gyntaf yn hen, ac roedd Mair yn ifanc ond heb briodi. Hefyd, mae'r tri digwyddiad yn cael eu cyhoeddi mewn ffyrdd anarferol, nid trwy'r proffwydi ond trwy law negeswyr Duw ei hun, sef ei angylion. Gwelwn felly:

- bod Duw'n gallu gwneud pethau y credwn ni sy'n amhosibl.
- bod y rhai a gafodd ymweliad gan yr angylion wedi syfrdanu neu mewn ofn, oherwydd bod y newyddion y maent yn ei gyhoeddi mor annisgwyl.
- bod yr angylion yn dweud wrth y bobl am beidio ag ofni bob tro
- os edrychwn ar y geiriau yn y tri hanes yma, ac yn amau pŵer Duw, dylwn gofio mai Ef yw ein CREAWDWR. Ac fel y dywedodd yr angel wrth Abraham, nid oes unrhyw beth yn amhosib iddo.

  Ymhob rhyw ddoniau mae e'n fawr,
  anfeidrol yw ei rym,
  ac nid oes pwysau ar ei ras
  na'i haeddiant dwyfol ddim.
  [CFf 166. William Williams]

Trafodaeth:

❖ A oes unrhyw arwyddocâd i'r ffaith bod yna dri gŵr yn Genesis 18:2?

❖ Pam fod yr angel wedi siarad â Sachareias ac nid ei wraig? (Luc 1:11-20)

❖ Lle welwch chi gân arall sy'n debyg i *Emyn Mawl Mair* yn yr Hen Destament?

❖ Edrychwch ar gyficithiad E.H. Griffiths (CFf 140). A ydy'r emyn yma'n dangos pŵer Duw i wneud y pethau nad yw dyn yn gallu deall?

39. Cyhoeddi'r newyddion da

"Felly aethant allan a phregethu ar i bobl edifarhau ... (Marc 6:12)

Darlleniad: Marc 6: 1-13.

Myfyrdod:
Nid disgyblion academaidd disglair â graddau mewn diwinyddiaeth, nac athrawon Beiblaidd oedd y rhai a ddilynodd Iesu i fod yn 'bysgotwyr dynion'. Ond yn hytrach, bobl o bob cefndir a ddewisodd i'w hyfforddi a'u danfon allan i gyhoeddi'r newyddion da.

Mae'n wir i'r 'deuddeg' a'i olynwyr cynnar gael y fraint o eistedd gyda a chael eu dysgu gan Iesu ei hun. Mae'n debyg eu bod hefyd wedi gwneud rhyw fath o 'brentisiaeth' (ac o bosib, gyfnodau o'r hyn a elwid heddiw yn brofiad gwaith). Felly, pobl yn dysgu dan law ei Meistr oeddent, a bu hyfforddiant ymarferol ac elfen o ysgolheictod hefyd. Fel ag y bu i Iesu ddysgu bod yn saer coed ac adeiladwr, bu iddynt hwy hefyd gael eu hyfforddi gan rywun â dawn arbennig ganddo.

Gwelir bod rhai o'r Efengylau'n sôn am 'Genhadaeth y Deuddeg' yn y rhan gyntaf (fel ym Marc). Yn ddiweddarach, gwelwyd bod y niferoedd yn cynyddu'n gyflym a chyfeirir at 72 wedi eu penodi i'r gwaith (Luc 10:1).

Beth sydd gan y genhadaeth gynnar yma i'w dysgu i ni heddiw?
Roedd gan y deuddeg le arbennig yn hanes gweinidogaeth Iesu. Gellir eu disgrifio fel 'cylch mewnol' ymhlith yr holl ddisgyblion. Roedd yna arwyddocâd diwinyddol i'r rhif deuddeg wrth gwrs, oherwydd cyfeirir at y deuddeg patriarch a'r deuddeg llwyth gwreiddiol. Felly, tybier bod y rhif yma'n cynrychioli'r genedl Iddewig.

Danfonodd Iesu'r deuddeg allan yn gyntaf, ond nid ar eu pennau eu hunain. Aethant allan fesul dau, i edrych ar ôl ei gilydd mae'n debyg, "A galwodd y Deuddeg ato a dechrau eu hanfon allan bob yn ddau. Rhoddodd iddynt awdurdod dros ysbrydion aflan,..." (Marc 6:7). Yn yr awdurdod yma, gwelwn y syniad o iacháu, oherwydd yn aml, roedd yr 'ysbrydion aflan' yn ymwneud hefyd â phroblemau meddygol.

Y mae Mathew (10:6-8) yn fanylach yn ei ddisgrifiad: "Ewch yn hytrach at ddefaid colledig tŷ Israel. Ac wrth fynd cyhoeddwch y genadwri; 'Y mae teyrnas nefoedd wedi dod yn agos.' Iachewch y cleifion, cyfodwch y meirw, glanhewch y gwahanglwyfus, bwriwch allan gythreuliaid." Beth bynnag oedd arwyddocâd y 'cythreuliaid', dylid cofio bod y Diafol (neu Satan) yn gweithio yn y gymuned, a bu i Iesu gael ei demtio hyd yn oed, (Marc 1:12-13; Mathew 4: 1-11; Luc 4:1-13).

Yn y disgrifiadau o'r genadwri ni welwn gyfeiriad at Iesu'n defnyddio'r geiriau 'achub eneidiau' am waith ei ddisgyblion. Mae'n debyg ei fod yn cymryd yr un fath o syniad a'r rhai sy'n edrych ar y person fel rhywun cyfan, ac yn gweld y cysylltiad rhwng y corff a'r ysbryd.

O fod yn ddisgyblion i gael gwaith fel Apostolion

Wrth edrych drwy'r Testament Newydd, gwelwn y geiriau sy'n disgrifio dilynwyr agos yr Arglwydd Iesu yn newid. Yn wreiddiol, disgrifir hwy fel 'disgyblion' (rhywrai o dan hyfforddiant), ond yn ystod y cyfnod y mae'n eu danfon allan i'r byd, defnyddir y term 'apostolion' (o'r iaith Roeg, *apostolos* neu negeswyr). Ac mae hwn yn air da iawn, oherwydd roeddent yn cyhoeddi newyddion da am y byd i ddod. Gwelwn yn Luc 9:2, "Yna anfonodd hwy allan i gyhoeddi teyrnas Dduw .."

Wrth edrych ar y geiriau arbennig am negeswyr, sylweddolwn fod yna air Hebraeg hefyd a'i ystyr 'un a anfonwyd', neu yn Saesneg, yr hen air *herald* (fel yn y garol *'Hark! the herald angel's sing'* CFf 915). Ond, gwelwn rywbeth arall hefyd, mae'r un sy'n anfon y neges bob amser yn bwysicach na'r un sy'n ei chyflwyno. Soniodd Iesu am hyn ym Marc 9: 37, pan oedd yn siarad am y plant, "..a phwy bynnag sy'n fy nerbyn i, nid myfi y mae'n ei dderbyn, ond yr hwn a'm hanfonodd i...." Cenhadon ar ran Iesu Grist oedd yr Apostolion, yn paratoi'r ffordd iddo.

Bu i'r deuddeg dderbyn nerth ac awdurdod arbennig oddi wrth Iesu ei hun. Roeddent i wneud eu gwaith, ac yr oeddent i fynd allan mewn ffydd, heb gario pethau nad oedd mo'u hangen. Sylweddolwn eu bod yn cael cario ffon, rhag anifeiliaid gwyllt a lladron o bosib, ond yn fwy tebygol fyth, er mwyn rhoi cymorth iddynt ar dir anwastad ac i groesi afonydd. Yn amlwg yn y dyddiau hynny, roedd pawb yn gorfod cerdded i ble bynnag yr oeddent am fynd. Felly, byddai unrhyw fath o deithio'n cymryd llawer o amser.

Wrth beidio cario bwyd, gwelwn yma gyfeiriad at y ffordd draddodiadol o deithio, lle byddai pobl yn derbyn nawdd a llety ar y ffordd. Noda'r hanesydd Josephus enghreifftiau tebyg am bobl grefyddol yn cael eu derbyn fel ag yr oeddent yn symud ar hyd y wlad. Bu i'r mynachod ym Mhrydain wneud yr un peth yn yr Oesoedd Canol. Sylwch hefyd bod Iesu'n dweud wrthynt, "Ac os bydd unrhyw le yn gwrthod eich derbyn, a phobl yn gwrthod gwrando arnoch, ewch allan oddi yno ac ysgwyddwch ymaith y llwch fydd dan eich traed, yn rhybudd iddynt," (Marc 6:11). Roedd hon yn hen arferiad Iddewig, ac yma, mae'n debyg mai arwydd o farn Duw ydoedd ar y rhai na dderbiodd y neges. Felly, yn syml iawn, cyhoeddi'r newyddion da oedd gwaith yr Apostolion; ond cyfrifoldeb y rhai a oedd yn gwrando oedd ymateb i'w neges. Roedd yr Apostolion yn cenhadu wrth iddynt gael eu, "hanfon allan o'i flaen, bob yn ddau, i bob tref a man lle oedd ef ei hun am fynd iddynt," (Luc 10:1). Dyna felly oedd gwaith y cenhadon cyntaf yma, dod â neges a pharatoi ffordd yr Arglwydd, yn hytrach na thynnu sylw at eu hunain.

A'r neges i ninnau heddiw? Bod yn barod i wneud yr un peth, pa bynnag bryd a lle y mae'n bosib ei wneud!

Trafodaeth:

❖ Marc 6: 6 - I ba drefi yr oeddent yn mynd iddynt?

❖ Marc 6:8-10 - Sut hoffech chi deithio gyda'r pethau a sonir amdanynt ym Marc, yn unig?

❖ Pa un o'r pethau a ofynnodd Iesu iddynt eu gwneud fyddai anoddaf iddynt?

❖ Apostolion heddiw? Neu a ydym wedi mynd yn ôl i fod yn ddisgyblion yn unig?

40. Crist yn ein calonnau

Nid oes arnaf gywilydd o'r Efengyl, oherwydd gallu Duw yw hi ar waith er iachawdwriaeth i bob un sy'n credu. (Rhufeiniaid 1:16)

Darlleniad: Llythyr Paul at y Rhufeiniaid 1:1-17.

Myfyrdod:
Mae llawer yn dweud bod llythyrau Paul yn anodd eu deall, ac efallai mai'r un at y Rhufeiniad yw'r anoddaf. Tybiwn na all unrhyw lyfr ddelio yn hawdd â phethau mor bwysig â bywyd a marwolaeth. Ond eto, cyfeiriodd Martin Luther (tad y diwygiad Protestannaidd) ato rhywle fel yr "Efengyl fwyaf hawdd i'w ddeall". (Cofiwn mai 'neges' a olyga hyn).

Gallwn fod yn eithaf siŵr bod Paul wedi ysgrifennu'r llythyr at y Cristnogion a oedd yn aelodau yn yr eglwysi cynnar ym mhrifddinas yr Ymerodraeth Rhufeinig, ac nid i ryw arbenigwr mewn diwinyddiaeth. Felly, i'r sawl sy'n darllen y llythyr fel a'i ysgrifennwyd (a'i gyfieithu), rhaid synhwyro bod dylanwad yr Ysbryd Glân, a'r gwirionedd a oedd yn Iesu Grist, yn cael ei drosglwyddo.

O planna ynom oll
sydd heddiw yma'n byw
yr awydd er ein lles
i ddarllen gair ein Duw;
â nad wyt fyddar fyth i'n cri
diolchwn, a chlodforwn di.
[CFf 178. Dewi Tomos]

Teimlaf mai cenhadwr ymarferol oedd Paul, ac roedd yn ysgrifennu ei lythyr wrth baratoi i fynd i'r wlad a elwir heddiw yn Sbaen. Nid oedd Antioch ac Effesus yn addas i'r siwrnai hon, ac roedd angen iddo gyflwyno ei hun i'r Cristnogion cynnar yn Rhufain. Deallwn fod eglwys wedi ei sefydlu yno eisoes, ond ni wyddom pwy oedd wedi ei dechrau. Felly, roedd yn rhaid iddo ddanfon llythyr ffurfiol i ddweud pwy ydoedd, a beth oedd ei safbwynt ar bethau diwinyddol cyn iddo allu gofyn am gymorth ar ei ymweliad â phellteroedd gorllewinol yr Ymerodraeth. Cofiwch, roedd Paul yn gallu bod yn gwbl clir gyda'i eiriau, e.e. Galatiaid 1:8, "Ond petai rywun, ni ein hunain hyd yn oed, neu angel o'r nef, yn pregethu i chwi efengyl sydd groes i'r Efengyl a bregethasom ichwi, melltith arno!"

Mae ei gyfarchion ar ddechrau'r llythyr yn arbennig o dda, ac yn canolbwyntio ar ei sefyllfa a'i ddiwinyddiaeth bersonol. Gwelwn Paul yn dechrau ei neges wrth sôn mai ar Fab y Tad, sef Iesu Grist, y mae'r Efengyl yn canolbwyntio. Mae'n dangos mai nid rhyw athroniaeth, na rhyw brofiad, nac am ryw gymdeithas y mae'n siarad, ond yn hytrach am y pethau yr oedd Duw wedi eu gwneud dros y ddynolryw trwy ei Fab.

Dangosodd Duw ei gynllun o'r dechrau, gan ddechrau gyda'r proffwydi - y neges am y Meseia, sef y Crist sydd i ddod. Trwy ei lythyr, mae Paul yn ein hatgoffa o'r etifeddiaeth ddiwinyddol sy'n gysylltiedig â'r Hen Destament oherwydd ei fod yn pwyntio at ddyfodiad a phŵer ein Gwaredwr. Pwynt canolog i Paul felly, oedd bod yr ysgrythurau gynt wedi dweud beth fyddai'n digwydd, a bod ei lythyrau a'r Efengylau yn cyfeirio at bethau a oedd wedi digwydd. Felly, gwelwn fod Paul yn ymgeisio i gyfathrebu dau beth pwysig am Iesu:

(1). Roedd wedi ymddangos yn y byd, drwy gael ei eni mewn ffurf dynol i Iddewes ifanc, ac yn gallu cael ei gyfri yn Iddew ei hun, a chanddo linach yn gysylltiedig â theulu'r brenin Dafydd.

(2). Ar y llaw arall, mae'n disgrifio Iesu fel Mab Duw, rhywbeth sy'n ganolbwynt i'n crefydd fel Cristnogion. Yn fwy na hyn, bu iddo orchfygu marwolaeth, a'i atgyfodi i fywyd tragwyddol, a'i ddyrchafu yn ôl at ei Dad yn y nef. Felly, pan ddigwyddodd hyn oll, bu i'r byd newid yn gyfangwbl.

Dywedai Paul yn glir, oherwydd yr hwn yw Iesu, ein bod yn cael ein dylanwadu gan Ei bresenoldeb. Cofiwch eiriau'r Iesu sy'n cyfeirio at ddau neu dri yn dod at ei gilydd yn ei enw, y byddai ef yno hefyd. Wrth i ni gyfarfod yn ei enw, gallwn alw arno, oherwydd Ef yw Mab Duw, mae gennym Efengyl i'w chyhoeddi i'r byd ac mae yna lawer un fel Paul wedi ei danfon i'r byd i gyhoeddi'r neges hon.

Yn Adnod 16, gwelwn y frawddeg drawiadol, "Nid oes arnaf gywilydd o'r Efengyl, oherwydd gallu Duw yw hi ar waith er iachawdwriaeth i bob un sy'n credu." Yma, mae Paul yn crynhoi'r neges yn gyfan, oherwydd mae'n gallu ei bregethu yn unrhyw fan, hyd yn oed mor bell â Rhufain. Ni ellir ei dawelu am gyfathrebu neges Crist i'r byd, ac nid oes unrhyw amheuaeth o'i deimladau ar y pwnc. Dywedodd bod cyfiawnder Duw yn cael ei amlygu i'w bobl wrth i'r neges gael ei datguddio.

I Paul, mae'r gair *cyfiawnder* yn hanfodol, a gwelwn hyn yn cael ei bwysleisio'n aml. Mae'n cyflwyno'r syniad bod Duw yn gyfiawn ym mhob peth a wna, a hefyd mae'n gwneud y pethau cywir, i wneud ei bobl yn iawn hefyd. Gwelwn gyfeiriadau eraill ganddo sy'n cysylltu cyfiawnder â'r gair iachawdwriaeth, fel yn Rhufeiniaid 1:17, "Ynddi hi y datguddir cyfiawnder Duw, a hynny trwy ffydd o'r dechrau i'r diwedd, fel y mae'n ysgrifenedig: Y sawl sydd trwy ffydd yn gyfiawn a gaiff fyw." Gellir cysylltu â'r Hen Destament, a gweld yn Eseia, "Codwch eich golwg i'r nefoedd, bydd fy iachawdwriaeth yn parhau byth ac ni phalla fy muddugoliaeth," (Eseia 51:5-6).

Wrth edrych ar eiriau Paul sylweddolwn fod ei neges i'r Rhufeiniaid, o bosib, yn dod yn haws ei deall. Iddo ef, am fod Duw yn gyfiawn, mae'n bosib i ni ddod â chyfiawnder i'r byd; a trwy hyn, gall arwain at ein hiachawdwriaeth. Rhaid i ni felly gredu yn Nuw a'i Fab, ac yn y neges i ni; a bydd angen i ni ddod i hyn drwy ffydd.

Trafodaeth:

❖ Beth yw eich barn chi am y cyfarchion yn Rhufeiniad 1: 1-7?

❖ Pa beth a rwystrodd Paul rhag mynd i Rufain cyn hyn? (Adnod 13)

❖ A oes yna debygrwydd i lythyrau Paul yn yr emyn adnabyddus yn CFf 49?

❖ Pam "...yr Iddewon yn gyntaf a hefyd y Groegiaid..."? (Adnod 16)

41. Sul y Tadau

".....a byddaf i chwi yn dad, a byddwch chwi'n feibion a merched i mi", medd yr Arglwydd, yr Hollalluog".
(2 Corinthiaid 6:18)

Darlleniad: 2 Corinthiaid 6:14-18 a 7:1.

Myfyrdod:
Tybier mai ychydig dros flwyddyn o amser yn unig sy'n rhannu'r ddau lythyr a ddanfonwyd at y Corinthiaid gan Paul. Ac mae'n debyg ei fod wedi ei ddanfon tua 56 O.C., o dref ym Macedonia (darn o dir yr Ymerodraeth Rufeinig yng ngogledd Groeg), a'i brifddinas a elwir yn Philipi.

Yn ôl hanes, rydym yn deall bod Paul wedi ymweld â'r eglwys eisoes. Ar ôl i'r llythyr cyntaf gael ei anfon, sylweddolir bod gwybodaeth wedi ei ddanfon ato bod rhai pethau wedi mynd o'i le yn yr eglwys ifanc yng Nghorinth. Aeth Paul yno ar frys i geisio datrys y problemau. Yn anffodus, mae'n debyg na ddigwyddodd hyn, ond addawodd y byddai'n gwneud ymdrech i ddychwelyd yno rywbryd eto yn y dyfodol. Wedyn, bu'n rhaid iddo fynd yn ôl i Asia i ddatblygu ei genadwri yno.

Nid oedd Paul yn hapus o fod yn gorfod disgwyl yn hir, ac roedd yn awyddus i wybod sut oedd pethau'n datblygu. Roedd mor awyddus i glywed ymateb y Corinthiaid fel y bu iddo adael Philipi a mynd i Troas, â'i lan môr a'i borthladd, gan obeithio cael ateb i'r llythyr. Ond eto, tra'r oedd pethau'n mynd yn dda yn Troas nid oedd Paul yn gallu aros dim mwy, a chroesodd y môr yn ôl i Facedonia. Yno, cyrhaeddodd Titus â'r newyddion bod y Corinthiaid wedi dod yn ôl at eu synnwyr cyffredin, ac wedi gwneud ymdrech i ddatrys eu problemau. Deallwn i Paul fod yn falch iawn o glywed y newyddion hyn, a theimlai'n llawer gwell.

Meddyliwch am y problemau cyfathrebu yn nyddiau Paul. Roedd pob llythyr a phob ymweliad yn gallu cymryd wythnosau, neu hyd yn oed misoedd. Ac yn aml, roeddent yn ddibynnol ar longwyr a theithwyr i gario eu negeseuon; a byddai'r tywydd a'r gwynt yn holl bwysig i'r broses. Ond, efallai bod yna rai manteision i'r amser hir yma; roedd yn gyfle i bawb ailfeddwl am y sefyllfa yn lle neidio o un broblem i'r llall.

Wrth ysgrifennu ei ail lythyr (neu *epistol*) atynt, gwelwn fod Paul yn dweud ei fod yn teimlo'n well am fod pethau wedi setlo unwaith eto. Gwelwn ei fod yn edrych ymlaen at ymweld â Chorinth unwaith eto, am y trydydd tro, ac roedd yn gobeithio'n fawr y byddai'r daith yn un hapus. Mae rhan olaf ei ail lythyr (o bennod 13 ymlaen) yn ymddangos yn bwysig iawn. Sylwn ei fod yn ymdrechu i glirio'r awyr ynghylch unrhyw anghydfod a fu rhyngddynt yn ystod y ddwy flynedd a aeth heibio. Felly, sylweddolwn fod Paul ei hun yn dechrau cyfnod arall, lle'r oedd yn paratoi am y dyfodol. Ac o hyn, gallwn nodi rywfaint o gymeriad Paul, sydd ond yn amlygu ei hun ar adegau yn ei lythyrau. Gwelwn o'r cyfnod y cafodd ei dröedigaeth ar y ffordd i Ddamascus, fod Paul wedi bod yn frwdfrydig iawn i ddatblygu'r genadwri a sefydlu eglwysi.

Byddai rai efallai yn ei ddisgrifio heddiw fel un a oedd yn rhoi ei holl egni i'r hyn a oedd yn ei wneud; ac yn disgwyl pawb arall i wneud yr un peth! Dau air a ddaw o'r cyfnod hwn yw 'cymodi' a 'chyfaddawdu'. Roedd yn dangos yma iddo gael llawer mwy o brofiad o weithio gyda'r eglwysi cynnar, ac ei fod wedi aeddfedu mewn ffydd. Roedd wedi sylweddoli hefyd bod yn rhaid iddo ddelio â phawb yn wahanol, gan gydnabod bod angen bod yn sensitif i deimladau eraill. Mae'n rhaid bod pethau wedi gweithio rhyngddynt, oherwydd mewn man arall yn y Testament Newydd gwelwn fod Paul wedi dychwelyd i Gorinth am y trydydd tro. Yn awr, ymddengys fod y sefyllfa'n llawer gwell, a bu iddo gael derbyniad da iawn yno. Dyma pryd y mae'r haneswyr yn tybio iddo ysgrifennu ei lythyr at y Rhufeiniaid. Er nad oes cofnod o'r canlyniad i'r daith, wrth edrych 'rhwng y llinellau yn ei lythyrau', credir bod ei drydydd ymweliad wedi bod yn un llwyddiannus.

O edrych ar yr Ail Lythyr at y Corinthiaid, mae'n bosib gweld mai hwn efallai oedd y llythyr mwyaf personol a ddanfonwyd gan Paul, o'r rhai sydd wedi eu cofnodi yn y Testament Newydd. Gwelwn deimladau dwfn yn ymddangos, yn enwedig ynghylch 'byrdwn a phwysau y cyfrifoldeb' y mae'n teimlo tuag at yr eglwysi cynnar hyn. Mae'n ymddangos fel petai'n cymryd pethau'n bersonol iawn. Gwelwn hefyd ddyfnder ei gariad tuag at y bobl, fel aelodau'r eglwysi ac aelodau o deulu'r ffydd, ac nid oes unrhyw amheuaeth am ei gonsýrn am eu datblygiad ysbrydol.

Gwelwn hefyd, mewn termau personol, y gost iddo wrth ymgymryd â'r gwaith efengylaidd cynnar hwn. Cofnodir cyfnodau o fywyd caled, o ddioddefaint, o orfod mynd heb fwyd, a'r gwatwar yn eu herbyn gan fobl lleol. Ond, gallwn weld trwy hyn hefyd, ei ffydd ansymudol a oedd yn "goleuo trwy bob trafferth, ac yn trawsnewid pob amgylchiad".

Yn y chweched bennod, mae Paul yn siarad am 'ddechreuad newydd' ym mywyd y bobl yn eglwys Corinth, a hefyd yn ei fywyd ei hun. Mae'n cyhoeddi iddynt fod dydd iachawdwriaeth wedi cyrraedd, ac yn apelio arnynt, "i beidio â gadael y gras a dderbyniasoch gan Dduw fynd yn ofer,... (Adnod 1). Efallai fod hon yn neges effeithiol i ninnau yng Nghymru heddiw. Roedd yn gobeithio yn ddirfawr y byddai'r Corinthiaid yn cael yr un teimlad ag ef wrth agor eu calonnau i'r newyddion da.

Ac i gadarnhau'r berthynas y gall y gwir addolwr ei gael gyda Duw, yn Iesu Grist, mae'n ein hatgoffa o'r cyfamod yn yr Hen Destament, a'r gwahoddiad i fod yn rhan o deulu Duw'r Tad. Felly, i gofio 'Dydd Sul y Tadau', edrychwn ar eiriau Paul, sy'n cysylltu pob teulu yn y ffydd, ""'a byddaf i chwi yn dad, a byddwch chwi'n feibion a merched i mi," medd yr Arglwydd, yr Hollalluog," (Adnod 8). Dyna gadarnhâd ardderchog o'r berthynas â'n gilydd, ac â Duw ei hun.

Trafodaeth:

❖ Beth y mae Paul yn cyfeirio ato wrth wneud ei ddatganiad yn 2 Corinthiaid 6:1?

❖ A yw'n bosib gweld rhywfaint o gymeriad Paul yn y llythyrau?

❖ A ydym yn hapus i gael ein galw a'n trin fel plant? (Adnod 13).

❖ A ydych chi'n meddwl bod yr emyn a gyfieithwyd gan Robert Williams (CFf 288), yn adlewyrchu teimladau tebyg i rai Paul yn ei lythyrau?

42. Helfa drysor

Ynddo ef y mae holl drysorau doethineb a gwybodaeth yn guddiedig. (Colosiaid 2:3)

Darlleniad: Llythyr Paul at y Colosiaid 1: 24 - 2: 10.

Myfyrdod:
Y mae Paul yn ysgrifennu un o'i lythyrau eto, a'r tro hwn mae'n cael ei gyfeirio at aelodau'r eglwys yn Colosae. Mae ef a Timotheus, ei gyfaill, yn cyfarch y brodyr a'r chwiorydd ffyddlon yng Nghrist. Fel ag y mae'n dweud yn ei gyfarchiad yn y bennod gyntaf, roedd yn hapus iawn, oherwydd, "Y mae'r Efengyl yn dwyn ffrwyth ac yn cynyddu trwy'r holl fyd, yn union fel y mae hefyd yn eich plith chwi, o'r dydd y clywsoch am ras Duw a'i amgyffred mewn gwirionedd," (Colosiaid 1:6). Mae hefyd yn sôn yn wresog am Epaffras, 'sy'n weinidog ffyddlon i Grist'.

Pentref bychan yn nyffryn hardd Lycus oedd Colosae, tua 100 milltir i'r dwyrain o Effesus, ac yn agos i dref Denizli yng ngwlad Twrci heddiw. Gwelwn ei fod yn ffinio ag ardaloedd mwy llwyddiannus ac ariannog Laodicea a Herapolis; a sylweddolir bod yna gymdogaeth Gristnogol yn y tair tref erbyn amser y llythyr.

Dechreuad yr achos yn Colosae.
Ni wyddid yn union pa bryd y bu i'r achos ddechrau, na sut a phwy oedd yn gyfrifol. Mae'n debygol ei bod wedi cychwyn rhywbryd yn ystod y tair blynedd y bu Paul yn Effesus (gwelir Actau 19). Gwelwn fod dau ŵr blaenllaw o'r dref wedi dod i adnabod a derbyn Crist i'w bywydau. Eu henwau oedd Philemon ac Epaffras (yr un a gyfeiriwyd ato yn y cyfarchiad yn y bennod gyntaf). Dywedir eu bod yn weithwyr caled dros yr Arglwydd, ac yn rhannu'r newyddion da ymhlith y trefi a'r ardaloedd a ddisgrifir.

Rheswm y Llythyr.
Er nad oedd Paul ei hun wedi ymweld â'r eglwys a'r aelodau yn Colosae, roedd yn eu hadnabod oherwydd ei gysylltiadau â Epaffras. Dywedodd ei fod yn ddiolchgar iawn am y ffydd a oedd yn amlwg yn y dref, ond cododd un neu ddau o bwyntiau am broblemau a oedd angen eu datrys.

Erbyn cyfnod y llythyr, mae haneswyr yn meddwl bod Paul yn y carchar yn Rhufain. A dyna lle y bu iddo ysgrifennu atynt, tua'r flwyddyn 61 O.C. Dywedir bod ganddo gyfle i ddanfon ei lythyr drwy law Tychus (ac efallai mai ef oedd yn mynd â'r rhai i Effesus hefyd); neu Onesimus, caethwas Philemon, a oedd wedi rhedeg i ffwrdd. Ond, danfonodd Paul ef adref, gyda'r neges yn Llythyr Philemon.

Y broblem yn Colosae.

Y broblem fwyaf a welwn yn amlygu ei hun yw'r teimladau *syncretiaeth*, h.y. y duedd i ddod â syniadau athroniaeth neu grefydd arall i mewn i'r neges Gristnogol. Efallai nad oedd hi'n syndod i hyn ddigwydd yno, ac mewn mannau eraill, oherwydd roedd yna Roegwyr ac Iddewon yn aelodau yn eglwys Colosae, a brodorion lleol hefyd. Roedd hi'n naturiol i lawer ohonynt ddal at rhai o'r hen syniadau hyn yn ystod y cyfnod cynnar hwn, ac eisiau cyfuno rhywfaint o hyn yn y ffydd newydd a dderbyniasant. Oherwydd bod llawer o'r hen draddodiadau yn ymwneud â gwneud da i eraill, credent y gallai'r ddau beth fod yn gytûn.

Ond, nid oedd Paul yn hapus gyda'r sefyllfa newydd hon, oherwydd teimlai eu bod yn taro yn erbyn neges ganolog y newyddion da.

(1). **Yr Iddewon**.

Yn ôl Paul, gwelwn eu bod yn dadlau mai wrth barhau i enwaedu eu bechgyn ac wrth ddal at yr hen gyfraith bwyd yr oedd yr Iddewon Cristnogol yn amau bod pethau wedi newid yn nyfodiad y Meseia. Roedd hefyd yn poeni bod eu tuedd i 'addoli' angylion yn tanseilio awdurdod Crist, a'u bod yn dod o Dduw; negeswyr yn unig oedd yr angylion.

(2). **Y Groegwyr**.

I Paul, roedd eu syniadau asgetaidd ac uwch-athronyddol o edrych ar wybodaeth a meistrolaeth dyn o'r byd yn ffyrdd yr ofnai eu bod am fynd yn erbyn dysgeidiaeth Iesu.

Sut allai'r eglwys fore yn Colosae ddatrys hyn?

I Paul, roedd yn sicr bod angen i eglwys Colosae gymryd golwg newydd ar yr Arglwydd Iesu, a'i awdurdod ar bob peth arall yn ymwneud â chrefydd. Dywedodd eu bod yn dibynnu'n hollol ar Iesu am eu hiachawdwriaeth. Mewn ffordd, dyma thema ganolog Paul ym mhob llythyr.

Cyfarwyddyd Paul i'r eglwys yn Colosae.

Dywedir bod Paul yn teimlo mai ei waith ef oedd 'hysbysu neges Duw i'r holl fyd.' Felly, roedd y tueddiadau athronyddol o gadw gwybodaeth o fewn cylch arbennig a oedd wedi ei baratoi, ac i'w gadw'n gyfrinachol, yn gwbl groes i'r syniad o rannu'r Efengyl. Mae'r pwynt hwn yn ddiddorol iawn, oherwydd i rai pobl y tu allan i'r ffydd, mae'r duedd yma'n ymddangos ynom fel Cristnogion o hyd! I Paul, nid cyfrinach oedd adnabod Crist, oherwydd roedd Ef wedi dioddef a marw ar y Groes er ein hiachawdwriaeth ni, ac i ninnau gael derbyn bywyd newydd drwy'r atgyfodiad.

Cyfarwyddiadau i ni heddiw.

Awn yn ôl at Paul a'i ffydd syml, a'i deimlad o'r pwysigrwydd o ddatgelu'r newyddion da. Gwelwn bod y darn bach sydd yn nheitl y wers hon yn cael ei ddilyn gyda, "Yr wyf yn dweud hyn rhag i neb eich arwain ar gyfeiliorn â'u hymadrodd twyllodrus," (Adnod 4) ac yna, "Felly gan eich bod wedi derbyn Crist Iesu, yr Arglwydd, dylech fyw ynddo ef," (Adnod 6).

Y mae gennyf drysor,
gwasanaethu f'oes
dros y Gŵr fu farw
unwaith ar y groes.
[CFf 399. Lewis Valentine]

Diolch ein bod ninnau hefyd wedi cael gafael yn y trysor hwn, ac yn barod i'w rannu gyda'r rhai nad ydynt wedi ei ddarganfod eto.

Trafodaeth:

❖ Sut y daeth Paul i wybod am y sefyllfa eglwysig yn Colosae?

❖ A yw'r rhybudd gan Paul (2 Colosiaid 2: 8), yn un i'n cyfnod ni heddiw?

❖ Edrychwch ar yr emynau canlynol: CFf 184, 336 a 482. A yw'r rhain yn adlewyrchu'r pethau y mae Paul yn ei gyhoeddi yn ei lythyrau?

❖ I ba drefi neu ddinasoedd y byddai Paul yn ysgrifennu heddiw? Pam?

43. Sul y Gwahanglwyf

"Syr, os mynni, gelli fy nglanhau." (Mathew 8:2)

Darlleniad: Mathew 8: 1-13.

Myfyrdod:
Yng ngweinidogaeth Iesu, rydym yn gweld sawl esiampl o wyrthiau gwellhad. Mae hyn yn cydymffurfio'n hollol â natur Iesu yn ystod ei weinidogaeth. Yn y darlleniad gwelwn ddwy stori sy'n ymddangos ar wahân, ond efallai bod yna gysylltiad rhyngddynt.

- **Y gwahanglwyf**;
- **Gwas y Canwriad**.

Mae'r ddwy stori yn ymwneud â Iesu'n helpu rhai nad oedd yr Iddewon yn fodlon cysylltu â nhw. Gall hon hefyd fod yn neges anuniongyrchol i'r cenhedloedd.

(1). **Stori'r Gwahanglwyf**.
Nid ydym yn aml yn dod ar draws y salwch ofnadwy hwnnw, sef y gwahanglwyf yn y wlad hon bellach. Gyda meddyginiaethau a thabledi mae'n bosib osgoi'r broblem. Ond yn y trydydd byd, y mae'n salwch sydd i'w gweld o hyd. Yn y Saesneg, fe'i adnabyddwn fel 'Leprosy', ac y mae pobl yn cofio'r o hyd am y storïau am y rhai a aeth i ffwrdd i'r Croesegiad (Crusades) ar ddechrau'r Oesoedd Canol ac yn dal y salwch hwn. Ers cyn amser Iesu Grist roedd yna *stigma* o amgylch y rhai a oedd yn dioddef o'r haint; ac ofn y byddai eraill yn ei ddal.

Roedd yn rhaid i'r gwahanglwyfus guddio eu hunain oddi wrth y bobl, a gwisgo dillad dros eu croen a'u hwynebau, rhag i unrhyw un eu gweld. Salwch difrifol oedd hwn ar y pryd, â llawer o bobl yn colli bysedd, bodiau a rhannau eraill o'u cyrff. Yn y diwedd, byddent yn marw, ond nid o'r clwyf ei hun, ond yn hytrach am nad oeddent yn derbyn meddyginiaethau. Yng nghyfnod y Testament Newydd, roedd llawer yn dioddef ar draws y Dwyrain Canol, a llawer yn gorfod cuddio eu hunain oherwydd eu bod wedi ei ddal. Yn ôl y ddeddf Iddewig, a welir ym mhenodau 13 a 14 o Lyfr Lefiticus, dywedir "Y mae'r sawl sy'n heintus o'r dolur hwn i wisgo dillad wedi eu rhwygo, gadael ei wallt yn rhydd, gorchuddio'i wefus uchaf a gweiddi, 'Aflan, aflan!' Y mae'n aflan cyhyd ag y bydd y dolur arno; y mae i fyw ar ben ei hun, a hynny y tu allan i'r gwersyll." (13:45). O fan hyn y daw'r geiriau Saesneg, 'Unclean, unclean!'

I'r Iddewon felly, roedd y gwahanglwyfus yn aflan ac ni allai unrhyw un eu cyffwrdd; ohcrwydd dyna oedd y gyfraith. Felly, byddai Iesu'n gwybod yn hollol beth oedd y rheolau lleol yn ymwneud â'r cleifion. Gyda'i bŵer ef gallai wella'r gwahanglwyf drwy edrych arno, neu wrth siarad ag ef, a cheir enghreifftiau o'r fath iacháu yn nhystiolaeth y Testament Newydd. Ond na. Beth wnaeth Iesu? "Estynnodd Iesu ei law a chyffwrdd ag ef gan ddweud, "Yr wyf yn mynnu, glanhaer di,"" (Mathew 8:3). Ac ar unwaith, glanhawyd ei wahanglwyf. Wedyn, dywed Iesu wrtho am beidio â dweud wrth unrhyw un arall, ond yn hytrach, mynd at yr offeiriad a dangos ei fod yn lân; yn ôl y gorchymyn i Moses yn Lefiticus 13.

Wrth gyflawni'r wyrth hon, yn enwedig wrth gyffwrdd â'r gwahanglwyf, a hynny yn erbyn y gyfraith, roedd Iesu yn uniaethu ei hun â phoen ac unigrwydd yr unigolyn. Roedd yn dangos ei fod yn teimlo drosto yn ei boen a'i salwch. Dangosai fod cariad a thrugaredd yn bwysicach na deddfau hyd yn oed. Ond, roedd yn cadarnhau ei Iddewiaeth wrth anfon y dyn at yr offeiriad i gael ei ryddhau o'i gyflwr.

(2). **Stori gwas y Canwriad**.

Dywedir i'r stori hon ddigwydd ar ôl i Iesu fynd i mewn i Capernaum, yng ngogledd Galilea; lle bu Iesu'n gweithio sawl gwaith. Yn ystod ei weinidogaeth daeth llawer i adnabod a dilyn Iesu, gan gynnwys pobl o'r cenhedloedd. Cofiwn, yn y cyfnod hwn bod yna bregethwyr eraill heblaw am Iesu ac Ioan Fedyddiwr yn gwneud gwaith da, a rhai'n cael eu cofnodi fel pobl yn gwneud pethau gwyrthiol. Roedd Iesu'n pregethu ac yn dysgu mewn sawl tref, ac yn y wlad, a gelwyd ef yn aml yn *Rabbi* (neu athro).

Gwelwn yma ganwriad; enw a roddir i uwch swyddog ym myddin yr Ymerodraeth Rufeinig, un a oedd yn gofalu am gant o filwyr wedi dod a galw ar Iesu. Dywedir bod nifer o filwyr yn dilyn y crefyddau lleol, ac mae'n bosib bod y Canwriad wedi teimlo dylanwad Iesu, ac yn un o'i ddilynwyr. Dywedodd y dyn (Mathew 8:6) "Syr, y mae fy ngwas yn gorwedd yn y tŷ wedi ei barlysu, mewn poenau enbyd." Mewn ateb iddo, dywedodd Iesu y byddai'n dod gydag ef yn syth. Ond syfrdanwyd y Canwriad, ohcrwydd teimla nad oedd yn deilwng i Iesu ddod i'w gartref.

Fel dyn ac awdurdod ganddo, roedd yn credu bod gan Iesu'r awdurdod arbennig i iacháu, ac os byddai'n dweud y gair, mi fyddai'r gwas yn gwella. Nodwn yn Adn10, bod Iesu ei hun wedi ei ryfeddu bod gan y gŵr hwn cymaint o ffydd ynddo a dywedodd "... ni chefais gan neb yn Israel ffydd mor fawr...". Cyhoeddodd Iesu gryfder ffydd y Canwriad, a'i ollwng drwy iachau'r gwas 'y munud hwnnw.'

Beth yw neges allweddol y ddwy stori yma?
Teimlir bod yna ddwy wers i'w gweld:

(1). Trwy gyffwrdd a'r gwahanglwyf mae Iesu'n cadarnhau nad oes ganddo broblem ar sut yr ydym yn edrych yn allanol; na pa mor frwnt, heintus neu bechadurus ydym wedi bod. Os ydym yn fodlon gofyn iddo am gael ein hiacháu mi wneith Ef gyffwrdd a ni, a bydd ein bywyd yn newid o'r foment honno.

(2). Os oes gennym ffydd, fel oedd gan y Canwriad, mi allwn ofyn i Iesu iacháu ein byd hefyd; ond mae'n angenrheidiol bod y ffydd yna'n gadarn cyn y gallwn ofyn.

O Grist, Ffisigwr mawr y byd,
down atat â'n doluriau i gyd;
nid oes yna haint na chlwy' na chur
na chilia dan dy ddwylo pur.
[CFf 301. D.R. Griffiths]

Trafodaeth:

❖ Lle mae yna broblemau o hyd efo'r *gwahanglwyf* ? Oes modd ei iacháu heddiw?

❖ Pa mor beryglus oedd i Iesu gyffwrdd a'r gwahanglwyf ? Cofiwch y gyfraith!

❖ A oes yna ddisgrifiadau arall yn y Testament Newydd bod milwyr Rhufain wedi tystio i bŵer Iesu?

❖ A ydi emyn Gwilym R. Tilsley (CFf 792) yn adlewyrchu ffydd y ddau ŵr?

44. Adolygu – Diolch i Dduw

"Myfi yw'r Ffordd a'r gwirionedd a'r bywyd. Nid yw neb yn dod at y Tad ond trwof fi ...". Ioan 14:6.

Darlleniad: Ioan 14: 1-19.

Myfyrdod:
Wrth gyrraedd y wers ddiwethaf, down at un o adnodau mwyaf y Beibl, un o'r rhai sy'n cadarnhau'r perthynas rhwng Iesu Grist ein Harglwydd a Duw'r Tad.

Gwelwn wrth ei ddarllen, bod Efengyl Ioan yn wahanol i'r tri arall, ac yn rhoi persbectif arbennig ar Iesu. Dywedir mai amcan yr Efengyl i'w i 'dynnu'r darllenwyr tuag at ffydd'. Mae Ioan yn eithaf plaen wrth ddefnyddio ei eiriau, a gwelwn enghraifft dda yn Ioan 20: 31. "...y mae'r rhain wedi eu cofnodi er mwyn i chwi gredu mai Iesu yw'r Meseia, Mab Duw, ac er mwyn i chwi trwy gredu cael bywyd yn ei enw ef." Ers dechrau amser, dywed (Ioan 1:1) "... yr oedd y Gair; yr oedd y Gair gyda Duw, a Duw oedd y Gair...". Ac felly trwy'r Beibl mae'r Gair (*logos*) wedi cael ei gyfathrebu i bobl y byd. Yn gyntaf rhoddwyd i'r Iddewon, drwy'r Hen Destament a'r cyfamod arbennig, ac yn ddiweddarach bu i ni hefyd ei ddarganfod yn neges y Testament Newydd; a ddatguddiodd i ni fywyd ac ystyr Iesu'r Crist, ein Hiachawdwr.

Mae'r disgrifiad 'Gair Duw (*the Word of God*) yn hen syniad sy'n mynd yn ôl ymhell mewn hanes - drwy'r Hen Destament a hefyd i raddau, yn nhraddodiad athroniaeth y Groegwyr. Gwelwn felly bod yr hwn a elwid Ioan, ysgrifennwr yr Efengyl, yn ceisio dangos gwir ystyr dyfodiad a bodolaeth Iesu. Roedd yn tystio i'r Iddewon, ac i'r cenhedloedd sy'n gallu darllen ac ystyried: y geiriau, a'r athroniaeth ddiwinyddol newydd. Nid oes syndod felly, bod y Testament Newydd wedi ei ysgrifennu yn wreiddiol mewn Groeg (iaith y rhai academaidd ac athronwyr yr hen fyd), ac nid yn Lladin (iaith weinyddol ac awdurdodol yr Ymerodraeth Rufeinig.

Gwelwn fod Ioan yn canolbwyntio ei Efengyl a'r hanes bywyd Iesu gan ddefnyddio fframwaith a oedd yn cynnwys 'saith arwydd' (*neu wyrthiau*) a 'saith dywediad' (hynny yw'r rhai sy'n dechrau gyda'r geiriau "Myfi yw"). Ei brif themâu yw'r 'goleuni', a'r bywyd a'r cariad mae'r Arglwydd Iesu yn ei ddangos i ni gyd dros yr oesoedd. Hefyd, mae yna wahaniaethau rhwng Efengyl Ioan, a'r tri arall. Ac yn syml gall eu disgrifio fel hyn:

(1). **Lleoliad amser ac ardal yr Efengyl**.
Dechreuodd Marc gydag Ioan Fedyddiwr a bedydd Iesu Grist, a bu i Mathew a Luc ddechrau gyda dyfodiad Iesu i'r byd; ac mae'r tri wedi canolbwyntio yn fwyaf ar waith Iesu yng Ngalilea. Mewn contrast hollol wahanol, bu i Ioan ganolbwyntio am y misoedd diwethaf o'i weinidogaeth, a'r cyfnod a gysylltir â Jerwsalem, ei fradychu, y croeshoelio, y digofaint, marwolaeth, a'r atgyfodiad.

(2). **Y ffordd mae Ioan yn dysgu**.
Mae yna wahaniaeth ar sut mae Ioan yn cyfathrebu neges Iesu Grist. Ni welwn ond efallai un ddameg, yn ymwneud am hanes 'y bugail da'. Yn yr ysgol Sul, dysgodd llawer ohonom y geiriau (Ioan 10: 11) "Y mae'r bugail da yn rhoi ei einioes dros y defaid…".

(3). **Adroddiadau Iesu**.
Yn Ioan maent yn hirach nac yn yr Efengylau eraill. Tybier rhai bod Ioan yn gwneud ymdrech i roi persbectif gwahanol i drigolion Jerwsalem, ac felly bu iddo ddefnyddio ffurfiau arall o ddysgu am "y gwirionedd a ddaeth yw plith".

Sut bynnag yr ydym yn edrych a'r geiriau Ioan, rhaid cyfaddef eu bod yn dra effeithiol. Maent yn cynorthwyo'r rhai sy'n gwrando, a'r rhai sy'n darllen, i *gredu* bod *bywyd tragwyddol i'w gael*, drwy gredu a chael *ffydd* yn Iesu Grist ein Harglwydd.

Ym mhennod 14, gwelwn sefyllfa lle mae'r disgyblion yn ofni ac yn poeni bod Iesu'n dweud ei fod ar fin eu gadael, ac i wneud pethau'n waeth ei fod i gael ei fradychu! Gwelwn yn y geiriau bod Iesu yn ymwybodol y bydd yna effaith ar ei ddilynwyr os yw marw. Tybir felly mae dyna'r rheswm mae yn gwneud ymdrech i ddysgu iddynt beth sydd i ddigwydd, a hefyd, paham mae i ddigwydd.

Gyda marwolaeth Iesu, mae'n hysbysu'r ffaith ei fod Ef yn dychwelyd at Ein Tad yn y Nefoedd. Felly, gellir disgrifio'r hyfforddiant fel *paratoi'r ffordd*, i bawb sy'n credu i gael ymuno ag ef nes ymlaen. Dywedodd ei fod Ef am fynd i baratoi lle, neu gartref newydd i'w ddisgyblion, ac yn y dyfodol y byddai'n dod yn ôl i'w tywys hwy gydag ef. Dywedodd ymhellach; am y cyfamser lle y byddai'n mynd nôl at y Tad, mi fyddai hyn o fydd iddynt hwy i gyd. Oherwydd y byddai'n dod nôl a phŵer newydd a fyddai'n gweithio yn eu plith, wrth iddynt barhau i gredu a gweddïo.

Yn Ioan, gwelwn hefyd gyfeiriadau at yr Ysbryd Glân a fyddai'n dod lawr o'r nef, ac yn aros gyda nhw am byth, ac ym mhob man. Felly, bydd pŵer yr Ysbryd Glân hwn yn ehangu pŵer Crist ar draws y ddaear. Byddai hefyd yn rhoi deall i ystyr y pethau oeddent wedi dysgu gan Iesu. Mewn 'gras a heddwch perffaith' byddwn yn rhannu i bawb sy'n credu, y cariad a ddaeth o'r Arglwydd; ac yn cadw ein haddewid i wneud beth a ddysgodd. A chofiwch eiriau Iesu, ein Harglwydd a'n Gwaredwr, yn Ioan 14:6.

"Myfi yw'r ffordd a'r gwirionedd. Nid yw neb yn dod at y Tad ond trwof fi."

Duw'r Tad osododd safon,
Duw'r Mab a dalodd Iawn,
a Duw yr Ysbryd Sanctaidd
sy'n rhoi'r llawenydd llawn;
O cadw ni rhag llithro
dan bwysau unrhyw faich
o fendith fawr dy gariad
a gafael gref dy fraich
[CFf 506. Siôn Aled]

Trafodaeth:

❖ Edrychwch ar emyn Elfed (CFf 381). A welwch chi debygrwydd i Efengyl Ioan?

❖ Yn Ioan 14: 2 beth yw'r 'llawer o drigfannau" mae Iesu'n disgrifio?

❖ Pa mor anodd ydyw gofyn am yr hyn sydd yn Ioan 14: 14? Paham?

❖ Sut allwch chi ddisgrifio beth yw "...Ysbryd y Gwirionedd..." ? (Ioan 14: 17).